Man kann auch ohne Hund leben,

aber das lohnt sich nicht!

Heinz Rühmann

Bibliografische Information der Deutschen
Bibliothek:

Die Deutsche Bibliothek verzeichnet diese
Publikation in der Deutschen
Nationalbibliographie; detaillierte bibliografische
Daten sind im Internet über<
http://dnb.ddb.de >abrufbar.

Impressum

© 2014 by – Books on Demand GmbH

2. Auflage von "Auf'n Hund gekommen"

Gestaltung: CM Groß & BoD

Autoren: CM Groß & Co.

Lektor: W. Nicklas

Herstellung und Verlag: Books on Demand
GmbH, Norderstedt

ISBN 9783738606515

Hunde - Abenteuer

von CM Groß & Co.

Amüsantes Erlebnis einer Hundedame
und ihren Freunden mit den Zweibeinern

Gewidmet meinen Kindern Daniela und Franco und meinem Enkel Anton-Sunny

Dankeschön

Ein herzliches Dankeschön spreche ich den weiteren Protagonisten unseres Streifzuges aus einem Hundeleben aus, der Hundehaltergruppe, die sich an jedem Morgen völlig zwanglos im Großen Garten trifft. Einige dieser Hunde stammen aus dem Tierheim und haben neue liebevolle Besitzer gefunden. Die gemeinsamen Stunden sind für die Tiere und Halter eine Bereicherung an tierischer und menschlicher Wärme und Herzlichkeit. Und meiner Mutter, Ruth Kopta, die mir Episoden aus dem Leben von Jacky zuarbeitete. Mein größter Dank gilt Herrn Wolfgang Nicklas, der mich bei der schriftlichen Ausarbeitung als Lektor beriet, meine größte Bewunderung zolle ich den Co-Autoren; H. Winkler, V. Haugwitz, M. Großmann, Tifany aus Dresden, Lehmann & Kneschke, S. Neutsch und Familie Seifert, für die Zuarbeit und Fotos.

Vorwort

Ich weiß nicht, ob Vogelbesitzer oder Katzenhalter sich untereinander so viel begegnen, wie die Hundeliebhaber.

Die Liebe eines Hundes zu seinem Frauchen oder Herrchen und deren Angehörige ist unermesslich und der Hund wird seine Beschützerfunktion für sein Familienrudel nie aufgeben. Das unsichtbare Band eines Hundehalters geht meist über den Tod hinaus. Ich erinnere Sie, liebe Leser, an bewegende Filme und deren Helden auf vier Pfoten, wie „Grambambuli", „Lessi", und nicht zu vergessen, „Rex".

Wie über eine Buschtrommel verbreiten sich unter den Hundeliebhabern Nachrichten über gute Tierärzte, Hundekrankheiten, besondere Nahrungsmittel oder wo es einfach noch Beutel gibt, um den Hundekot zu entsorgen. Nicht selten ist zu erleben, dass ein Sturm auf die Discounter einsetzt, wo sich die Regale mit Trocken- und Dosenfutter blitzschnell leeren, drei Stück für einen €.

Schon in den Morgenstunden werden beim „Gassigehen" Erziehungs-, Ernährungs- und

Gesundheitstipps im Interesse ihrer vierbeinigen Lieblinge angesprochen. Manche Hundefreundschaft geht nicht zuletzt auf die Halter über. So unterstützen sich die Hundefreunde ohne große Überredungskunst beim Hundesitting. Können sich einige Hunde nicht riechen, gehen die Besitzer diplomatisch auf die andere Straßenseite, um Konflikte gar nicht erst aufkommen zu lassen. Die Halter wissen, dass Rüden sich mächtig quälen, wenn sie eine heiße Hündin wittern, deshalb nehmen alle untereinander Rücksicht.

Gegen ein Problem sind die Hundehalter machtlos – das sind Hundehasser!

Aber eins sollte gerade diese Bevölkerungsminderheit bedenken: Die Hundehalter stützen mit keiner geringen Hundesteuer das Stadtsäckel. Was alles damit gefördert wird, weiß nur der Stadtkämmerer.

Dieses Buch soll einen kleinen Beitrag dazu leisten, sich gegenseitig besser zu verstehen. Jeder Hund ist eine unverwechselbare Persönlichkeit, die unsere Gesellschaft braucht und sehr empfindlich auf Lob und Tadel reagiert. Schlechte Gewohnheiten werden erst dann entwickelt, wenn unsere Vierbeiner gereizt werden oder sich langweilen. Hunde waren und sind zu jeder Zeit der beste Freund des Menschen.

Wir Hundehalter bedanken uns bei den vielen Tierärzten, den unzähligen Tierschutzvereinen und Initiativen, die für das Wohl und Gedeih unserer Vierbeiner unermüdlich tätig sind.

Inhaltsverzeichnis

II. TIERLIEBE MIT HERZ UND VERSTAND - **82**

I. Jacky & Co.

Darf ich mich vorstellen? Ich bin eine kleine Hundedame, heiße Jacky und das ist meine Geschichte:

In Radebeul, in der Nähe des legendären Verfassers von unzähligen Romanen über Indianer, Karl May, erblickte ich das Licht der Welt. Ich ließ mir berichten, dass mein Vater ein strammer Bursche war, dem ich ausgesprochen ähnlich sein soll.

Meine Mutter war, das weiß ich aus meiner Erinnerung, sehr zierlich. Ich bin mir sehr wohl bewusst, aus einer sehr guten Familie zu stammen.

Völlig nass kam ich als vierter Welpe meiner Mutter, auf die Welt. Obwohl sie sehr viel zu tun hatte, leckte sie mich trocken und schützte mich und meine drei Geschwister mit ihrer Körpertemperatur von 38 Grad Celsius, damit wir Welpen uns nicht erkälten, weil sich unsere Körpertemperatur erst nach dem zehnten Lebenstag selbst reguliert. Die Zweibeiner halfen meiner Mutter mit einer Wärmedecke. Die eigenartigen Laute der Zweibeiner hörte ich, nachdem ich 14 Tage alt war. Schon eine Woche später nahm ich meine Umwelt bewusster wahr. Nicht schlecht war ich erschrocken, als ein Zweibeiner mich von meiner Mutter wegnahm und eingehend betrachtete. Dieser öffnete mein Maul und machte auch sonst noch eigenartige Dinge mit mir, die mächtig wehtaten. Mir wurden der Schwanz und die Ohren kupiert, danach bekam ich meine Krallen geschnitten, damit ich meiner Mutter beim Säugen nicht die Bauchhaut aufkratzte. Obwohl ich noch sehr winzig war, fühlte sich mein Fell elastisch, warm und trocken an, natürlich war ich schon muskulös. Sobald sich unsere Mutter mit viel Hingabe um uns kümmerte, begannen wir sanft zu schnurren und wenn die Zweibeiner Leckerbissen in ein kleines Schüsselchen schütteten, quiekte ich genau so begeistert, wie meine drei Geschwister. Dann tat eines Tages mein Maul mächtig weh, der Zweibeiner, der mich so unsanft angefasst hatte, meinte, dass ich zahnen würde. Dieser gab mir bittere Medizin die ich schlucken musste, und diese Wurmkur sollte dann auch noch bis zu meiner 16. Lebenswoche andauern. Etwas Gutes hatte es, dass ich nun kleine spitze Zähnchen hatte, ich konnte damit auf festem Futter herumbeißen, manchmal waren es der Stummelschwanz meiner Mutter oder die Ohren meiner Geschwister. Das Beste dabei, ich musste nicht mehr die Haferflocken mit Milch in mich hineinzwingen. Langsam begann ich meine weitere Umgebung zu ergründen und mit meinen Geschwistern herumzutollen. Wir durften mit unserer Mutter einige Minuten am Tag aus dem Haus stolpern. Die sechste Woche war das eingreifendste Datum für uns Welpen. Ich wurde von dem Zweibeiner geimpft. Verheißungsvoll sprach er auf mich ein und hinterhältig bekam ich dabei in mein Gesäß eine Spritze, die mächtig wehtat. Zur Strafe, weil wir fiepten, anders kann ich mir diese nicht erklären, durften wir einige Tage nicht mehr auf den öffentlichen Plätzen spazieren gehen und unsere Mama bekamen wir nicht mehr zu Gesicht. Dann wurde alles sehr traurig, immer wieder verschwand eins meiner Geschwister, bis ich schließlich ganz allein in unserem Körbchen saß. Ich fühlte mich von der ganzen Welt verlassen, dass Schlimmste, ich musste mich nun ganz allein säubern. Ich war gewohnt, dass mich meine Mutter nach dem Essen immer ableckte, damit die normale Funktion der Verdauung und der Harnblase angeregt wurde. Eines Tages kam eine Zweibeinerin, die ich sehr gut riechen konnte. Sie hob mich aus dem Körbchen und nahm mich zärtlich in die Arme. Ich schmiegte mich dankbar für ihre Zuneigung, an sie. Weil ich noch so klein war, kroch ich in ihre Jacke. Ich wollte nicht mehr weg von diesem schönen Ort und das hat dieses Geschöpf gespürt, denn es nahm mich mit und wurde meine Ersatzmama.

Ihr könnt Euch bestimmt vorstellen, dass ich glücklich war, an dem Tag, an dem ich die Zweibeinerin „Frauchen" nennen durfte. Mit viel Sorgfalt hatte sie sich auf mein Kommen in ihrer Wohnung vorbereitet. Ich bekam ein Bettchen, keinen klassischen geflochtener Korb, sondern aus weichem kuscheligem Material. Frauchen war sich bewusst, dass ich sehr lebhaft, also ein echtes Energiebündel bin. Für mich standen zwei Schüsseln für Futter und Wasser aus rostfreiem Material bereit. Ein Gummiball und ein Gummiknochen kamen meinem Spieltrieb zugute. Sie legte mir das

Halsband nicht um den Hals, sondern um die Brust. Das abwechslungsreiche Futter passte sie meinem Lebensalter an,   selten erhielt ich grundlos ein Leckerli.

Mein Frauchen war sehr streng zu mir, wenn ich mal ein Pfützchen auf den Fußboden machte. Am Morgen, noch ganz verschlafen, brachte sie mich aus meinem warmen Körbchen an die kalte Luft. Glauben Sie aber nicht, dass sie mich trug, nein, sie verlangte von Anfang an, dass ich ihr nachlaufe. Manchmal habe ich sie dafür ein klein bisschen verachtet, da bin ich ganz einfach weggelaufen. Aber mein Frauchen war schlauer, sie hat mir nur so viel Leine gelassen, um mich durch ein leichtes Ziehen ganz sanft daran zu erinnern, dass ich mich ohne ihre Hilfe verlaufe. Da sind wir gleich bei einem ganz unnützen Gegenstand, der Nabelschnur, die mich mit meiner Hundemutter und nun mit meinem Frauchen verband. Die Spaziergänge mit meinem Frauchen wären für mich ein reines Vergnügen gewesen, wenn da nicht diese verdammte Leine gewesen wäre. Sie wusste mich zu überlisten. Dabei fasste sie an mein Halsband, wie unfein. Ich bekam ein rotes Halsband und sie nannte mich immer wieder bei meinem Namen. Sie hielt mir ein ganz besonderes Leckerli hin, gab es mir aber nicht, sondern lief damit weg und meinte „Bei Fuß!", ich eilte dem Duft des Leckerlis nach und damit meinem Frauchen. Die wusste manchmal nicht, was sie wollte. Plötzlich blieb sie stehen, sprach auf mich ein und kniete rechts neben mir nieder, dabei hielt sie das Leckerli so hoch, dass ich es fast erreichen konnte. Stellen Sie sich vor, dann nahm sie ihre andere Hand und hielt mich unter dem Leib fest. So fest, dass ich nicht an das Leckerli gelangte. Gleich danach stand sie wieder auf, immer noch hielt sie das Leckerli, für mich unerreichbar, vor meine Nase und drängte mir, mit dem Wort „Fuß" ihren Willen auf. Ich hatte es langsam satt, als sie mich am Halsband führte, meinen Gefühlszustand wohlweislich bemerkend, noch mit „Ruhig" ansprach. In diesem Moment ergab ich mich und lief ihr einfach nach. Die Klügere gibt nach, dachte ich, und können Sie sich vorstellen, durch diesen Schachzug erhielt ich endlich mein Leckerli. Diesen Zirkus machte sie mit mir noch einige Male. Ich war aber klüger und ließ sie gar nicht lange fackeln, machte das, was sie wollte und kam dabei sehr schnell zu meinem Leckerli. So habe ich meinem Frauchen das Gehen neben mir beigebracht. Natürlich hatte ich mein

Frauchen nicht für mich allein. Zu ihrem Rudel gehörten eine Mutter, Großmutter und ein vierjähriger Bruder. Ich habe meine Wurfgeschwister also nur mit vier Zweibeinern eingetauscht. Alle konnte ich gut riechen; nachdem ich sie musterte und prüfte, wie weit ich mit ihnen gehen konnte, verbrachten wir innige gemeinsame Stunden. „Ist die Jacky aber niedlich, oder gucke mal wie süß." Waren wohl eher Gefühlsausbrüche, denn dabei bekam ich kein Leckerli. Während des schönsten Spielens mit dem Bruder, der nicht ganz so riesig war wie die anderen Zweibeiner, nahm mich mein Frauchen und setzte mich ganz allein vor die Tür. Was hatte sie nur? Schön war die Versöhnung, denn kurz darauf hat sie wohl mein klägliches Bellen nervös gemacht. Ich bekam eine besonders lange Streicheleinheit. Wenig später kam ich dahinter. Sie hatte entdeckt, dass ich vor Aufregung auf dem Teppich eine kleine Pfütze hinterlassen hatte, wieder wurde ich ausgesperrt. Noch drei Mal passierte mir das Malheur, dann wusste ich, wenn ich von den Anderen getrennt wurde, sollte das eine Strafe sein und so empfand ich dies auch später, als mein Spielen noch viel interessanter wurde, als sehr ungerecht.

Meine Tierärztin

Meine Meinung zur Tierärztin vom Kirchberg hat sich mit der Zeit geändert. Sie setzte ihr ganzes Können ein und mein Frauchen ihre ganze Liebe um meine jeweilige Pein: Zahnstein, lange Nägel, eine kleine Magenverstimmung, zu beheben.

Die Tollwut war für mich ein Horrorbegriff, der mich damit verband, dass ich mich einmal im Jahr impfen lassen musste. Ich hatte zur Tollwut ein ganz besonders schlimmes Erlebnis. Gerade, als ich mit meinen Artgenossen im Wartezimmer auf das Impfen wartete, erhielt die Ärztin einen Anruf. Ein herrenloser, seuchenverdächtiger Hund streifte ganz in der Nähe ihrer Praxis herum. Die Ärztin sollte den Hund untersuchen, bevor er erschossen wurde. Nach ihrer Rückkehr berichtete die Ärztin ihrer Krankenschwester, dass sie sofort nachdem sie den Hund gesehen hatte, Tollwut diagnostizierte. Der Hund glotzte sie an, um den Mund hatte er Schaum. Die Ärztin nickte dem Polizisten zu, dieser schoss vorbei und der Hund befreite sich mit einer gewaltigen Kraft von der Leine. Erst der zweite Schuss befreite den Hund von seinem Leiden. Er war auf seiner Flucht eine Gefahr für uns anderen Hunde geworden.

Nun begriff ich, warum die Impfung für uns Hunde sehr wichtig ist. Die Aufgabe eines Tierarztes ist es, nicht bloß einer Hundemutter bei der Geburt ihrer Welpen zu helfen, sondern auch Leiden zu beenden. Zu dieser Zeit verstand ich nichts davon, ich war zu jung dafür und wollte das Leben kennen- und ergründen lernen. Erst später, als ich den einen oder anderen Hundefreund nicht mehr sah, hörte ich, dass er eingeschläfert werden musste. Da merkte ich, dass der Tod zum Leben gehört.

Der Kranke und ich

Wenn mein Frauchen zur Arbeit ging, blieb ich bei ihrer Mutter und dem kleinen Bruder. Eines Tages konnte der Junge nicht in den Kindergarten gehen, weil er krank im Bett lag. Seine Mutter hatte auf dem Herd Knochen aufgesetzt. Die kräftige Brühe bekam der Kranke und die Knochen durfte ich abknabbern. Die Mutter hatte vergessen, Suppengrün einzukaufen, das wollte sie schnell nachholen. Sie trug mir auf, die Wohnung zu bewachen und nach dem kranken Bruder zu sehen. Mit den Worten; „Jacky, ich muss ganz schnell noch etwas aus der Kaufhalle holen, achte Du aufmerksam auf die Wohnung", übergab sie mir eine große Verantwortung. Sehr gern hätte ich sie begleitet, aber ich wurde hier gebraucht. Während ich aus dem Fenster sah und vor mich hindöste, spürte ich in meiner Nase einen beißenden Geruch. Schnell hatte ich die Ursache erspürt. Die Flüssigkeit im Topf auf dem Herd war verdampft, dann verkohlten die Rindfleischknochen, auf die ich mich schon gefreut hatte. Schnell rannte ich in das Zimmer des kleinen Bruders, sprang auf sein Bett und stupse seine Hand mit der Nase an. Er schlief fest. Ich fuhr nochmals mit meiner rauen trockenen Zunge über seinen Arm. Daraufhin drehte er sich um und deckte sich bis zum Hals mit der Decke zu. Der scharfe Gestank drang nun auch in das Kinderzimmer ein. Vor der Tür hörte ich endlich die Mutter mit der Nachbarin sprechen. Ich rannte zur Eingangstür und veranstaltete einen fürchterlichen Lärm. Damit die Mutter die Gefahr bemerkte begann ich jämmerlich zu jaulen. Gleich darauf hörte ich die Tür knarren, die Mutter stürzte in die Wohnung, öffnete die Fenster, schaltete den Herd ab und begoss die verkohlten Knochen mit Wasser, um sie abzukühlen. Als mein Frauchen am Abend nach Hause kam, war nichts mehr von dem beißenden Geruch zu spüren. Nachdem als sie meine Erlebnisse am Abend hörte, streichelte sie mich besonders zärtlich und sagte dankbar; „Jacky, du hast einen großen Schaden verhindert. Danke, mein kleiner Liebling!"

Benny der Rauhaardackel und die Hundeallergie

Das Frauchen von Benny hatte ein großes Problem. Sie musste sich von ihrem Benny, ihrem reizenden Rauhaardackel trennen.

Mein Frauchen fragte meinen Hundefreund tief bewegt: „Benny, ich hörte Du musst weg von Deinem Frauchen?" Mit ihrer Ansprache meinte mein Frauchen natürlich das Frauchen von Benny, aber wie bereits erwähnt, sprechen Hundehalter immer mit den Besitzern über den Vierbeiner. Diese antwortete für Benny.

„Seit einiger Zeit leidet Bennys Herrchen an einer Hundeallergie.", dabei traten ihr Tränen in die Augen.

Sie atmete tief durch und streichelte Benny leidenschaftlich, dann sprach sie weiter; „Sehr selten kam Bennys Herrchen mit ihm in Kontakt. Erst in seinem Urlaub nahm er eines Abends beim Fernsehen Benny auf den Schoß.

Benny leckte ihm dafür dankbar das Handgelenk. Am nächsten Morgen hatte sein Herrchen einen entzündeten Fleck an der Stelle, wo Benny ihn geleckt hatte. Wir nahmen dies nicht so ernst, weil die Entzündung schnell wieder abgeklungen war. Einige Tage später stellten wir fest, egal, wo Benny sein Herrchen berührte oder nur anschnaufte, bekam das Herrchen brennende Ekzeme. Es wurde so schlimm, dass Bennys Herrchen ins Krankenhaus musste, übermorgen wird er entlassen und Benny muss noch vorher aus dem Haus. Wir haben für Benny bei den Großeltern auf dem Lande ein neues Zuhause gefunden."

Jacky schaute Benny traurig an, und er blickte traurig zurück. So verlor Jacky ihren ersten treuen Freund.

Der Hundehasser

Mein Frauchen wurde eines Tages von einem Hundehasser, einen ständig unzufriedenen Zweibeiner gefragt; "Mögen Sie wirklich die ständig bellenden, sabbernden, nervigen Streuner?

Ich teile die Ansicht von August Strindberg, der schrieb."

21

Ich verabscheue Menschen, die sich Hunde halten. Das sind Feiglinge, die nicht den Mut haben andere Leute zu beißen.

„Den kenne ich nicht, ich mag Hunde, Katzen, Vögel, die Tiere im Zoo, und meinen eigenen Hund ganz besonders", war die resolute Antwort meines Frauchens auf die Frage des griesgrämigen Zweibeiners.

„Sie sind ein Engelchen, wenn Ihnen die Tiere die Haare vom Kopf fressen oder Sie in einen Scheißhaufen getreten sind, ändern sie ihre Meinung ganz schnell!"

„Tun Sie doch nicht so, ich bin mir sicher, dass Sie auch Tiere mögen, zumindest haben sie diese zum Essen gern, oder sind Sie Vegetarier?" parierte mein Frauchen. Daraufhin wendete sich der Nörgler von uns ab.

Hundesitting

Um sich ein paar Mark neben der schmalen Rente hinzuzuverdienen, betreute unsere Großmutter während des Urlaubs ihrer Freundin deren Terrier Berry. Gern besuchte ich mit meinem Frauchen die Großmutter, bei der es immer ein besonderes Leckerli gab und die auch einen großen Garten zum Herumtoben hatte. Mein neuer Freund Berry, der ein weißes gepflegtes Fell sein Eigen nannte, wälzte sich gern in Pfützen und sah dann gar nicht mehr so salonfähig aus. Die Großmutter bat mein Frauchen, Berry zu reinigen, bevor der wieder nach Hause entlassen wird, um Problemen aus dem Weg zu gehen. Ich fand die braunen Stellen auf Berrys Fell gar nicht so schlecht, er roch sehr vielseitig, aber mehr nach Hund. Unsere Tierhalter waren da anderer Ansicht. So musste sich Berry auf dem Balkon in einer Plastikwanne einer Pflegeprozedur unterziehen. Er war bereits eingeschäumt, da stellte mein Frauchen fest, dass sie den Eimer mit klarem Wasser vergessen hatte. Ich begleitete sie, während Berry völlig mit Schaum bedeckt in der Plastikwanne warten sollte. Da klingelte das Telefon.

„Berry!", rief kurz darauf die Großmutter verärgert. „Ist was los? Berry steht in der Badewanne auf dem Balkon, ich will ihn gerade mit klarem Wasser von dem Seifenschaum befreien." Und ob da was los war. Mein Frauchen hatte die Balkontür offen gelassen. Berry stürmte, mit Schaum bedeckt an der Großmutter vorbei ins Wohnzimmer und schüttelte den verschmutzten Schaum ab. Das Wohnzimmer war renovierungsbedürftig. Ihr könnt euch vorstellen, wie sauer die Großmutter auf uns war, sie hat Berry sofort ins Bad gesteckt und abgeduscht."

Armer Berry, dachte ich, er wollte vor dem Wasser bei uns fliehen und ist bei unsrer Großmutter in eine neue Wasserfalle gelaufen. Die Großmutter hat uns ein wenig später verziehen.

Der Seelenretter

Eines Tages erlebte ich etwas sehr Eigenartiges in einer bayrischen Tierarztpraxis. Während eines Urlaubs hatte ich mir etwas in den Fuß eingetreten und musste mit meinem Frauchen zum Tierarzt. Neben meinem Frauchen hatte sich im Wartezimmer ein sympathischer älterer Herr mit seinem Hund niedergelassen. Ich wollte den Hund begrüßen, dieser wirkte sehr eigenartig, roch ungewöhnlich und der Herr ließ ihn nicht zu mir herab. Mein Frauchen verzog schmunzelnd den Mund. Ich stellte fest, dass der Herr sehr gut gekleidet war, es musste sich um eine sehr vornehme Person handeln. Mein Frauchen fragte ihn anteilnehmend; „Was hat Ihr Hund für ein Leiden?"

„Mein Hund ist übersät von Flöhen." Mein Frauchen musterte ihn und den Hund ungläubig. „Woher hat Ihr Hund die Flöhe?"

„Wir wohnen dort in der Pension, da muss er sich in unserem Zimmer die Flöhe geholt haben. Es wimmelt auf dem Vorleger nur so von diesem Ungeziefer."

„Darf ich Ihren Hund einmal sehen?" Inzwischen war der Tierarzt herangetreten, er zwinkerte meinem Frauchen zu und konnte sich das Lachen kaum verkneifen. Der Herr übergab einer Sprechstundenhilfe den leidenden Hund. Nun erkannte auch ich, dass der angebliche Vierbeiner kein Hund sondern aus Wolle war. Mein Frauchen untersuchte mit Hilfe des Tierarztes den Hund gründlich und stellte fest; „Ihr Hund hat keine Flöhe, nur eine kleine Wunde am Bein." Der Arzt bestätigte mit seinem Nicken die Diagnose. Er ging in sein Sprechzimmer und kam kurz darauf mit einer kleinen Tube zurück. Meine Frauchen entzifferte leise; „Pattex?"

„Hier haben sie eine schmerzstillende Lösung, tragen Sie diese sanft auf und schon bald wird die Wunde heilen", beruhigte er das Herrchen des Hundes. Glücklich verließ der alte Herr die

Tierarztpraxis. „Was hat denn unsere kleine Jacky?", wollte der Tierarzt nun von meinem Frauchen wissen. Völlig abgelenkt ließ ich die Untersuchung über mich ergehen. Der Tierarzt hatte die Ursache meiner Schmerzen schnell gefunden und gelindert, während er sich lachend mit meinem Frauchen über den alten Herrn unterhielt. „Was haben sie dem Mann gegeben?"

„Ich wollte ihm erst eine Creme mitgeben, dann fiel mir ein, dass sich damit die Wolle verschmiert, deshalb habe ich Papierleim aus meinem Schreibtisch geholt." Nachdem ich verarztet war und mein Frauchen die Rechnung begleichen wollte, hämmerte es an die Praxistür. Wir waren von diesem Lärm erschrocken. Vor der Tür stand der alte Herr mit seinem Hund, der völlig nass war. Er streckte seinen nassen Hund dem Arzt hin und rief ungehalten; „Ihre Medizin hilft nicht, sehen sie selbst, was diese angerichtet hat!" Der Arzt säuberte den Hund mit einem Tuch von dem vielen Leim. „Sie sollten meinen Hund nicht waschen, sondern die Flöhe entfernen, ich bekomme sonst Hausverbot", rief der Herr ängstlich, außer sich. Der Arzt machte eine Dose mit Puder zurecht, worauf Tiermehl stand und übergab diese dem alten Herrn.

Seinen Hund wieder trocken in den Armen haltend, wurde der Mann ruhiger. Er setzte sein Hündchen auf den Boden, um die Geldtasche zu suchen. Ich begann, das Unwesen genauer zu betrachten. Dieses roch nach Rasierschaum.

Da entdeckte ich, dass der Hund eine Socke war. Der alte Herr zeigte auf uns, und rief verzückt aus; „Sehen Sie nur, wie gut sich die zwei Hunde miteinander vertragen." Tränen liefen ihm bei diesen Worten über die Wangen. Zärtlich nahm er seinen Hund wieder auf den Arm und sah den Tierarzt dankbar an. „Was bin ich Ihnen schuldig?"

„Wir warten erst einmal ab, ob diese neue Medizin Ihrem Hund hilft. Wie heißt der Kleine überhaupt?"

„Olga wie meine Selige. Sie müssen wissen, mein Hund ist die Inkarnation meiner verstorbenen Frau." Traurig und betroffen sahen wir uns an. Der alte Herr soll am nächsten Tag, in seinem Pensionszimmer, für immer eingeschlafen sein. Wir hörten, dass der Strumpfhund auf dem Grab Wache hält.

Die Osterreiter oder die Heilung einer Lähmung

Zur Erinnerung am meinen längsten und aufrichtigsten Freund, den ich mit fünf Jahren kennen lernen durfte, Martin Robel †, Osterreiter von Ralbitz - CM Groß

Meine Familie erhielt eine Einladung, um das Osterreiten in der Lausitz mitzuerleben. Nachdem wir in Ralbitz eintrafen wurden die Pferde festlich geschmückt. Bis zu diesem Tag hatte ich noch keine so großen Tiere gesehen, die nervös tänzelnd ihre Mähne zu Zöpfen geflochten bekamen. Vorher mussten sie lernen, mit ihrem Reiter und dem Fahnenträger zu gehen. Beim Üben dieses Kunststückes benutzten die Großbauern, denen das Privileg der Fahnenträgerschaft schon in die Wiege gelegt wurde, einen Besenstiel mit einem Tuch. Nicht selten warfen die noch ungeübten Pferde ihre Reiter dabei ab. Ich bekam von dem Großbauern eine besondere Streicheleinheit. „Gut dass ihr Jacky mitgebracht habt, dann hat der Dackel unseres Pfarrers eine kleine Freundin zum Spielen."

Wenig später lernte ich meinen neuen Spielkameraden persönlich kennen. Dieser befand sich in Begleitung seines Herrchens, dem Pfarrer, der für die Prozession verantwortlich war. Der Hundejunge war ein reizender Dackel mit goldbraunem Fell, einem schwarz glänzenden Schwanz, riesigen Ohren und hieß St. Peter. Die Großbäuerin sollte mich und den Dackel, während der Prozession, in Obhut nehmen. St. Peter war traurig, er konnte nicht verstehen, warum sich sein Herrchen von ihm getrennt hatte, war er doch selbst bei der Messe immer dabei gewesen. Er hatte sogar einen Dieb vertrieben, der aus dem Opferstock Geld nehmen wollte, dafür durfte er zu Ehren der Schutzheiligen an der Wallfahrt nach Rosenthal mit teilnehmen. Der Dackel nahm keine Notiz von mir und seiner Umwelt. Nachdem sich das Hoftor hinter den Osterreitern geschlossen hatte, jaulte St. Peter zum Gotterbarmen, sodass ich mich zu ihm begab. Ich stupste St. Peter an und zeigte ihn ein Loch im Gartenzaun, das ich schon bei meiner Ankunft, beim Abstecken meines Reviers, am Morgen entdeckt hatte. Ohne sich noch einmal nach mir umzusehen, war St. Peter durch das Loch gekrochen. Geruhsamen Schrittes inspizierte er die Hauptstraße.

Nachdem er in der Ferne die Osterreiter entdeckt hatte, rannte er querfeldein, um sein Herrchen so schnell wie möglich zu erreichen.

Bald hatte er die Osterreiter erreicht, die mit Singen und Beten ihre Felder segneten.

Von dem heranstürmenden Hund verunsichert, witterten die Pferde eine Gefahr und stoben in alle Himmelsrichtungen davon.

Das Pferd des Pfarrers scheute und versetzte St. Peter einen so starken Stoß, dass dieser durch die Luft flog und am Boden liegen blieb. Von da an war sein Hinterteil gelähmt. St. Peter bekam im Pfarrhaus sein Gnadenbrot. Er ertrug geduldig sein Leid und zog sich mit den Vorderpfoten durch sein neues tristes Dasein. Eines Tages besuchte ein berühmter Tierarzt den Friedhof mit den weißen Gräbern und sah St. Peter, wie dieser tapfer mit Müh und Not seinen Körper bewegte. Der Arzt veranlasste eine Therapie für St. Peter. Einen Monat lang erhielt der Hund täglich eine Spritze im Wechsel mit Thiamin bzw. Kortison, und eine Krankenschwester massierte eine halbe Stunde das Hinterteil, um die Körperfunktionen wieder anzuregen. Der Pfarrer betete um ein Wunder.

Nachdem ich ein Jahr später wieder zu Gast bei den Osterreitern war, kam mir St. Peter auf der Dorfstraße Schwanz wedelnd entgegen. Dieses Mal stupste er mich an. Er zeigte mir seine Wiesen und Jagdgebiete, weit weg von den Pferden.

Eine tiefe Freundschaft

Vier Jahre war ich der vierbeinige Liebling meines Rudels. Bis der kleine Bruder meines Frauchens auf dem Weihnachtsgabentisch ein kleines Hündchen namens Susi vorfand.

Ich nahm mich des kleinen acht Wochen alten Rackers an. Nach drei Monaten war mir Susi förmlich über den Kopf gewachsen.

Ich begriff sehr schnell, dass eine größere Freundin, wie die schwarze Mittelschnauzerhündin, mich vor lästigen Rüden und stressigen Zweibeinern gut beschützen kann.

Wir tranken aus einem Napf und fraßen aus einer Schüssel. Susis Herrchen war Besitzer eines Wohnwagens auf einem Waldcampingplatz an einem Badesee. Damit begann unsere erlebnisreiche Dauercamperzeit. Gleich nach dem Winter, nachdem die Vögel ihre Frühlingslieder anstimmten, zogen wir mit vielen Utensilien auf den Campingplatz um. Kurz nach der großen Stadt fuhr unser Auto über die Südhöhe, mit Schwung den Possendorfer Berg nehmend, auf einen Höhenrücken, der einen Weitblick über unsere schöne Heimat bot. Wir sahen die bizarren Felsen der Sächsischen Schweiz, dahinter das Lausitzer Bergland und in unserer Fahrtrichtung lag das Osterzgebirge.

Die am Wege liegende Ortschaft Rheinberg sei besonders wegen ihres Hundefriedhofes erwähnt. Weiter führt die Fernverkehrsstraße (Europastraße 55) zu einem See. vis-à-vis ist die Einfahrt nach Oelsa. Hier weist ein Piktogramm darauf hin, dass unweit ein Campingplatz ist. Schon nach fünf Minuten Autofahrt durch einen gesunden Mischwald waren wir am „Waldcampingplatz Heidemühlenteich". Susi und ich rochen die frische Waldluft. Wir machten unsere Zweibeiner durch Winseln und Fiepen darauf aufmerksam, dass wir vor Freude außer uns waren. Zum Be- und Entladung durfte das Auto direkt hinter dem Campingwagen parken. Wir nahmen unser Revier unter die Pfoten. Zuerst liefen wir zu dem kleinen Teich auf unserem umzäumten Pachtgelände und begrüßten die Kröte, die sich darin häuslich niedergelassen hatte. Wenn wir längere Zeit auf den Campingplatz verweilten, begleitete uns der Papagei Bobby. Zwischen uns Dreien existierte ein unsichtbares Band. Sogar die große Susi gab Bobby durch die Gitterstäbe des Vogelbauers Küsschen. Wenn wir fremde Leute verbellten, unterstützte uns Bobby mit seinem mordsmäßigen Krähen. Das brachte den ärgsten Störenfried in Panik.

Wir hatten auf dem Campingplatz einen geregelten Tagesablauf. Gleich nach dem Aufstehen liefen wir die zwei Kilometer um den Heidemühlenteich. Danach gab es eine ausgewogene Hundemahlzeit.

Nach einer Ruhepause tobten wir im Grundstück herum, suchten vergrabene Schätze oder spielten mit der Kröte. Vor der Mittagsmahlzeit der Zweibeiner liefen wir in der

Regel zum See, um beim warmen Wetter ein ausgiebiges Bad zu nehmen. Danach waren wir müde und schliefen meist bis zum Abendrundgang um den See. Susi hatte am See mit einem Enterich eine Hassliebe begonnen. Er rief sie schon von weitem, wenn er Susi kommen sah, um sie in den See zu locken. Einmal hat er es mit Susi besonders toll getrieben. Neben seinem Weibchen schwammen sieben Kücken. Deshalb lockte der Enterich Susi ins tiefe Wasser, weg von seiner Entenfamilie. Er wartete, bis Susi ihn schwimmend fast erreicht hatte, dann flog er weg. Er kam sofort wieder, nachdem Susi den Strand erreichte. Dann begann er sie wieder weg zu locken, das tat er fast eine halbe Stunde, bis Susi die Faxen dicke hatte und sich erschöpft am Strand neben mir niederließ.

Susi büxte in der ersten Zeit gern aus. Sie fand im Zaun immer eine Stelle, die nicht gut befestigt war, später sprang sie über den Zaun und öffnete die Tür des Campingwagens. Ich bestaunte immer Susis Kräfte. Sobald sie einen Stamm im Wald fand, manches Mal bis zwei Meter lang und 30 cm dick, schleppte sie diesen bis zum Wohnwagen.

Einmal hat Susi mit ihrem Ehrgeiz, keinen Stamm liegen zu lassen, ihr Frauchen zu einem unfreiwilligen Bad veranlasst.

Susi fand beim Entenjagen im See einen riesigen Ast und diesen schleppte sie über den See bis zur Mole.

Dort verhackte sich der Ast am Molensockel. Susi ließ nicht von ihrem Unterfangen ab,

den Ast zum Campingwagen zu transportieren, obwohl ihre Kräfte schon schwanden. Viele Zuschauer hatten Susis Anstrengungen, den Ast aus dem Wasser zu bekommen von der Mole aus mit beobachtet. Da rief ein kecker Camper zu Susis Frauchen; „Wollen Sie nicht ihren Hund retten, der säuft doch gleich ab!" Das ließ sich Susis Frauchen nicht zweimal sagen. Sie sprang mit Bekleidung von der Mole in den See, nahm Susi den Ast ab und erreichte so, dass Susi ihr aus dem See folgte. Susi war keineswegs erschöpft, sie trug den Ast bis zum Campingwagen und ihr Frauchen trottete triefend, zur Erheiterung der anderen Camper, hinterher. Wir hatten auf dem Campingplatz sehr viele vierbeinige Freunde. Der Kneiperhund Paul besuchte uns schon am frühen Morgen. Dicky holte uns gelegentlich mit seinen Herrchen zum Spaziergang um den See ab. Sogar Dan und Heika vom Rudel aus dem Großen Gartens besuchten uns auf dem Campingplatz. Dans Halter fanden bei dieser Gelegenheit einen Aushang über ein Gartengrundstück an der Heidemühle. Danach wurden wir unmittelbare Nachbarn und besuchten uns ab und zu.

Einmal war Dan mit seinen Frauchen und Herrchen bis spät in der Nacht bei uns zu Besuch. Im Wald war es stockdunkel und so musste sich das Rudel von Dan mangels einer Taschenlampe von den Glühwürmchen den Weg zu ihrem Gartengrundstück zeigen lassen. Für mich war der Heidemühlenteich mein Paradies und das im wahrsten Sinne des Wortes.

Ist der Hund gesund – freut sich der Mensch

Der Abbau im Gesundheitswesen bedeutet für uns alle vorzusorgen. Durch Zufall entdeckte ich, was uns Menschen hilft, ist auch für unsere Vierbeiner gut.

Vor fünf Jahren tapste die Mittelschnauzerhündin Susi in unser Leben. Die vier Jahre ältere Jacky wurde ihre mütterliche Freundin in unserem Rudel. Wir erlebten Höhen und Tiefen mit unserem Zuwachs. Unzählige Schuhe und Textilien wurden von ihr zerlegt und in der Wohnung verteilt. Susi erfreute sich ihres Daseins, war top-gesund und beschützte uns bei jeder Gelegenheit. Im Oktober 2002 begann unser seelisches Tief. Susi hatte einen nicht heilenden Husten und erbrach sich, vorwiegend nachts.

Die Tierärztin gab ihr zu unserem größten Schmerz eine Spritze. Zusätzlich zwei verschiedene Arten von Tabletten, die Susi an zehn Tage hintereinander einnehmen musste. Susi hustete weiter! Wir erhielten von der Tierärztin nochmals für zehn Tage Tabletten. Doch Susi hustete weiter und knabberte an ihrem Schwanz. Es entstanden kahle Stellen im Fell. Wir gingen auf Hausmittel über, wie Honig, Fenchel- und Kamillentee sowie Rettich mit Kandiszucker. Die ganze Wohnung roch nach exotischen Düften – Susi hustete weiter! Unsere Nerven lagen blank.

Es war Januar, allgemeine Grippezeit. Wir testeten die in der Werbung angepriesene Grundversorgung- täglich je eine Obst- und Gemüsekapsel. Überall hörten wir es Husten, Schnauben und viele Menschen klagten über Kopfweh und Fieber. Wir fühlten uns topgesund, hatten jedoch das Bedürfnis, viel zu trinken, nicht Kaffee oder Alkohol sondern Tee und Mineralwasser. Susi lag nach drei Monaten von Husten geplagten und den vielen Antigrippemitteln völlig apathisch auf ihrem Lieblingsplatz und sah uns traurig an. Um ihr etwas Gutes zu tun, gab ich ihr auf einem Teelöffel Leberwurst. Ich drückte darauf eine Obstkapsel und abends erhielt sie, in Leberwurst verpackt eine Gemüsekapsel. Bereits nach fünf Tagen schlief Susi nachts wieder durch und die ganze Familie mit. Nach 14 Tagen hustete Susi nicht mehr und nach vier Monaten hatte Susi keine kahle Stelle mehr am Schwanz.

Der Jahreshauptuntersuchung beim Tierarzt sahen wir aufgeregt entgegen.

Die Tierärztin lobte Susis Gesundheitszustand und ihr glänzendes Fell. Ich berichtete ihr von meiner zufälligen Entdeckung. Die Tierärztin erklärte mir. „Im Herbst und Frühjahr ist auch für unsere Vierbeiner die Erkältungsgefahr sehr groß. Im Futter sind Vitamine, aber diese reichen meist nicht aus, um das Immunsystem vollkommen zu schützen. Geben sie ihrem Hund auch zukünftig die Kapseln weiter." Susi schritt stolz mit ihrer glänzenden Marke am Halsband aus der Tierarztpraxis. Die Tierarztkosten für den nicht heilen wollenden Husten betrugen 90 Euro. Die Vorsorge für die gesamte Familie, inklusive zwei Vierbeinern, kostete uns nur einen Euro pro Tag. Das Schönste für uns war – unsere kleine vierbeinige Freundin tobte wieder lebhaft mit Jacky herum und sann nach, welche Schuhe nun ihr nächstes Opfer werden sollte. Wir waren glücklich und unser Leben verlief wieder harmonisch. Ist der Hund gesund, freut sich sein Halter.

Louis Pasteur stellte fest: „Tierärzte haben es leicht.

Die werden wenigstens nicht durch

Äußerungen ihrer Patienten irregeführt!"

Das Hundehäufchen

Oder müssen wir auch noch den Urin unseres Hundes in einer Tüte auffangen? Nach dem Wochenendeinkauf brachte ich die Lebensmittel vom Auto an die Haustür.

Danach holte ich meinen Hund aus dem Auto. Susi fand die an der Bordsteinkante übrig gebliebene Pfütze sehr schmackhaft. Dann entleerte sie ihre Blase auf einem Rasenstreifen.

Da brauste ein Kleinwagen heran und stoppte. Der Fahrer stürzte grußlos an mir vorbei durch die von mir geöffnete Haustür. Er forderte von mir im Vorbeigehen, ich solle nicht vergessen, den Haufen meines Hundes wegzuräumen.

Ich begab mich, nachdem ich die Lebensmittel und meinen Hund in der Wohnung sicher wähnte, zu dem besagten Hundehaufen. Auf der Wiese sah ich tatsächlich ein älteres schon angetrocknetes Hundehäufchen. Der Fremde stürmte wieder an mir vorbei und lief zu seinem Auto. Indessen traktierte er mich weiter. Ich beharrte darauf, dass mein Hund nicht der Verursacher dieses alten Häufchens auf der Wiese sein konnte. Wir waren nicht einmal in die Nähe dieses Häufchens gekommen. Hundekenner wissen, dass ein Hund, nachdem er einen Haufen gesetzt hat, diesen durch Kratzen des Bodens mit Dreck bedecken will, was ihm kaum gelingt. Das machen Hunde fast nie oder selten, wenn sie nur Wasser lassen müssen. Ein ordentlicher Hundehalter entsorgt die Häufchen seines Hundes mittels Hundetüten, die er im Glücksfall in den Hundeboxen finden kann. Wie gesagt, wenn er Glück hat. Aber wir reden hier nicht über den Sinn und Unsinn der Hundesteuer und den Verwendungszweck.

Alle Hundebesitzer ahnen, dass es sehr teuer werden kann, wenn sie ohne Hundekotentsorger erwischt werden; oder die Nachlassenschaften ihrer Lieblinge auf der Straße oder den Parks liegen lassen.

All dies hat wohl der stürmische und unhöfliche Autofahrer nicht gewusst, er ließ sich nur von der Existenz eines Hundehäufchens leiten. Vermutlich brauchte er einen Blitzableiter für seinen persönlichen Stress. Denn so rasant wie er sein Auto parkte, fuhr er, ohne ein Blinkzeichen für die anderen Verkehrsteilnehmer zu geben, wieder ab.

Dazu fallen mir die Worte von Leonardo da Vinci ein, die er im   16. Jahrhundert sagte:

„Die Mitteilungsmöglichkeit des Menschen ist gewaltig,   doch das Meiste, was er sagt, ist hohl und falsch.

Die Sprache der Tiere ist begrenzt, aber was sie damit zum Ausdruck bringen, ist wichtig und nützlich."

Auf Ewig, Eure Jacky

Hier bin ich wieder, Eure Jacky. Ich bin inzwischen eine ältere Hundedame geworden. Eins möchte ich euch nicht vorenthalten, meine sehr guten Erfahrungen mit den Zweibeinern auf unserer Wohngebietsstraße.

Die Straße hat nur vier Häuser, deshalb kenne ich fast jeden Zweibeiner, wobei mir die in den untersten Wohnungen des Öfteren begegnen. Im ersten Haus wohnt Sigi, ein alternder Rockmusiker, der immer lustige Sprüche zu meinem Frauchen und mir über seine Balkonbrüstung wirft. Im nächsten Haus wohnt eine sehr nette Frau, sie war aus dem Vogtland zugezogen und besonders tierlieb. In unserem Haus lebte im Parterre, in einer WG der Zweibeiner Wolfgang mit seinem geschlechtsreifen Kater Felix. Bei den Beiden machte ich immer erst Station, weil das Treppensteigen für mein Frauchen und mich schon sehr beschwerlich war.

Hier nun die Geschichte mit viel kriminellem Potenzial.

Ich nenne diese:

Folgen eines makaberen Scherzes, Vorbestimmung oder Zufall?

Wolfgang, ein rüstiger liebenswerte alter Herr mit freundlichen Augen, immer einen Scherz auf den Lippen, der die 75 noch nicht erreicht hatte, verbrachte die meiste Zeit an seinem Computer. Er hatte Unterricht genommen, um alle Schritte logisch nachvollziehen zu können und mit anderen Menschen Schach zu spielen oder in Gedankenaustausch zu treten.

Sein Kopf war jung geblieben, die Glieder versagten ihm manchmal den Dienst. Vor ein paar Tagen hatte er sogar einen leichten Schlaganfall, aber er hatte sich sehr schnell wieder davon erholt. Felix, sein junger geschlechtsreifer Kater, war tagsüber auf Brautschau und diese Zeit verbrachte Wolfgang am PC, um sich mit Gleichgesinnten im Internet auszutauschen. Nach dem Starten des Computers teilte ihm eine freundliche Frauenstimme mit, dass er Post habe. Wolfgang war gespannt, wer ihm schrieb. „Ah es ist Mausi", sagte er freudig erregt vor sich hin, denn er mochte das 38jährige Mädchen seiner Ziehtochter. „Nun was hat sie heute für mich Nettes geschrieben?"

„Nimm an, du hast noch einen Tag zu leben, wie verbringst du diesen? Versöhnst du dich mit deinen Verwandten, tust du noch etwas Gutes, oder genießt du diesen Tag ganz einfach?",

stand da in großen schwarzen Buchstaben. Wolfgang lachte; „Was soll der Quatsch?"

Das Mäuschen wollte noch, dass er diese Nachricht möglichst an viele Bekannte und seine gleichaltrigen Schachfreunde weiterschickt. Nach dem Lesen dieser Nachricht war Wolfgang die Lust, am PC zu arbeiten, gründlich vergangen, er schaltete den Computer aus, trat ans Fenster und rief seinen Kater. Felix sollte ganz einfach nach Hause kommen, denn Wolfgang wollte nicht allein sein. Der Kater kam nicht, er genoss die Vorzüge der Freiheit und Jugend. Wolfgang setzte sich in seinen Sessel, schlief ein. Ein stechender Schmerz ließ den Mann aus seinen Träumen erwachen. Wolfgang war aus dem Sessel gerutscht und hatte sich am Tischbein gestoßen. Er erhob sich stöhnend, trat ans Fenster und hielt nach Felix Ausschau. Der

Kater wartete an der Haustür, im Maul stolz eine Maus tragend, erhoffte er sich natürlich eine Belohnung für seine erfolgreiche Jagd, zumindest eine ganz lange Streicheleinheit. Der Kater genoss die Nähe seines Herrchens, der lieb und sanft sein Fell graulte und immer ein besonderes Leckerli bereithielt. Was war heute mit seinem Herrchen los? Die Streicheleinheit fiel kurz aus. Felix fühlte, dass Wolfgang nervös und unruhig war. Er setzte sich auf seinen Fensterplatz und beobachtete die Passanten, die an der Erdgeschosswohnung vorübergingen. Plötzlich stand Wolfgang lebhafter als sonst auf, schaltete den Computer an und suchte die E-Mail von Mausi. Da stand es wieder, wie auf den Bildschirm gebrannt: „ …..**noch einen Tag**" … und dieser Gedanke verfolgte den Mann bis ins Bett … „**noch einen Tag** …, **sich mit der Familie aussöhnen, den Tag genießen** …? Blödsinn!",** sprach er immer wieder vor sich hin.

Was hatte sich die junge Frau dabei nur gedacht, nein gedacht bestimmt nichts, sie ist nur ein dummer gedankenloser Teenager. Moment mal, mit 38 müsste eine Frau doch schon mehr im Kopf haben, ging es Wolfgang durch den Kopf.

Ich, Wolfgang bin ein reifer, sturmerprobter, logisch denkender Mensch, also werde ich solchen dummen Zeilen keine Bedeutung mehr beimessen. Oder hat sie doch recht? Nach dem kleinen Schlaganfall sollte ich mein Leben in Ordnung bringen, mit Mausis Mutter Frieden schließen und morgen einen schönen Tag verleben!

Wolfgang merkte, dass sich Felix krümmte, er erbrach sich und lag apathisch auf dem kalten Fußboden. Der Mann machte sich Sorgen um seinen Liebling, deckte ihn zu und beobachtete das kranke Tier. Dabei schlief er ein.

Schweißgebadet erwachte Wolfgang am nächsten Tag. Er griff rein mechanisch zum Telefonhörer und rief seine Ziehtochter, Mausis Mutter an. Ja er würde heute zum Mittagessen zu ihr gehen und sich einen schönen Tag machen, hatte er sich vorgenommen. Am Morgen erbrach sich sein Felix noch einmal im Treppenhaus, aber sonst war das Tier wieder wohlauf und wollte auf Brautschau ins Freie. Wolfgang machte einen großen Bogen um den Computer, ging spazieren und grübelte über die eigenartige E-Mail nach.

Das Mittagessen war für Wolfgang im Kreise der Familie seiner Ziehtochter eine Abwechslung. Er lies sich mit einer Taxi nach Hause fahren. Dort angekommen erbrach diesmal Wolfgang sich, danach legte er sich erschöpft ins Bett. Es dämmerte, Felix wollte zum Abendessen eingelassen werden. Es öffnete niemand, sein Herrchen war bestimmt noch nicht zu Hause und so öffnete eine Nachbarin dem Kater die Tür zum Haus, dann die Wohnungstür und versorgte das Tier.

Als sie die Wohnung wieder verlassen wollte, stellte sie fest, dass Wolfgangs Straßenschuhe neben den Hausschuhen standen, also musste Wolfgang doch schon früher nach Hause gekommen sein. Die Frau betrat die Stube, vom Hausherrn aber keine Spur, dann schaute sie ins Schlafzimmer, wo er angekleidet im Bett lag. Als sie näher trat, sah sie, dass Wolfgang für immer eingeschlafen war. 24 Stunden nach Kenntnisnahme der E-Mail. Noch am gleichen Abend wurde Wolfgang abgeholt, er hatte seinen Körper der Wissenschaft zur Verfügung gestellt. Felix begleitete die schwarzen Herren bis zum Auto, saß die ganze Nacht unter dem Strauch neben der Haustür und wartete auf die Rückkehr seines Herrchens.

Am nächsten Morgen begehrte Felix Einlass und freute sich auf das liebe Gesicht seines Herrchens. Der mit seinem riesigen Schlüsselbund, welcher an einem langen Strick befestigt war und mit dem Felix so gern spielte, bald die Tür aufschließen würde. Gemeinsam würden sie frühstücken und dann auf der Couch schmusen, Felix schnurrte vor Vorfreude. Er wartete Stunden, Tage, jedoch sein Herrchen kam nie mehr.

Felix sah mich traurig an und meinte, bevor er ins Tierheim gebracht wurde; „Du hast es gut, Dein Frauchen ist immer bei Dir, ich muss Dich nun für immer verlassen!"

Traurig nahmen wir voneinander Abschied. Ich blieb immer vor der Wohnungstür von Wolfgang und Felix stehen. In der Hoffnung, sie noch einmal zu sehen.

Das war im Januar, sieben Monate später kam auch meine Zeit des Abschiednehmens.

Die Tierärztin hatte bei der Jahresuntersuchung Herzhusten bei mir festgestellt und dann einen Tumor. An dem Tag, als ich das Essen und Trinken aufgab, setzte mich mein Frauchen auf die Wiese vor unserem Haus ab. Alle meine Freunde waren gekommen, um mir die letzte

Ehre zu erweisen. Noch einmal sah ich zu dem Fenster von Wolfgang und Felix.

In Gedanken sah ich das Vertrauen erweckende Gesicht von Wolfgang, der liebevoll seinen Kater Felix auf der Fensterbank streichelte und mich ermunterte, alles nicht so tragisch zu nehmen.

Er war der Ansicht, dass Tiere bei ihrem Erwachen in der nächsten Dimension von denen, die vor ihnen gegangen sind, erwartet und liebevoll betreut werden. Das gab mir Mut und meinem Frauchen Trost, von meinem Leiden erlöst zu werden.

Ich, die schwarze Susi, begleitete meine Ersatzmutter und langjährige Freundin Jacky auf ihrem letzten Gang. Im Wartezimmer der Tierärztin vom Kirchberg saß Jacky auf dem Schoß Ihres Frauchens.

Ich blickte, auf dem Boden sitzend, zu Jacky hinauf und hatte nur einen Wunsch;

„Bitte Jacky, verlasse mich nicht. Du musst mir noch so Vieles beibringen, damit ich mich in der Welt der Zweibeiner zurechtfinde!"

Jacky sah mich lange, fast mitleidig an, als wolle sie mir sagen; „solange du mich in Deinem Herzen trägst, werde ich bei Dir sein. Lass mich gehen, mein Körper ist zu schwach, die Schmerzen und mein Herzhusten lassen mich nicht mehr zur Ruhe kommen!"

Dann nahm die Tierärztin Jacky und ihr Frauchen mit ins Behandlungszimmer. Nach einer unendlichen Zeit kam das Frauchen von Jacky mit Tränen in den Augen und einem großen Kästchen wieder aus dem Behandlungsraum. Am Abend setzten wir die sterbliche Hülle von Jacky bei. Ich habe sie sehr vermisst. Ihr 79-jähriges Frauchen war so traurig, dass sie wochenlang kaum noch die Wohnung verließ und gesundheitliche Probleme bekam. Nachdem sie gegenüber von meinem Frauchen die Bitte äußerte, „Wenn Du hochkommst, dann bringe doch bitte gleich die Zeitung aus dem Briefkasten mit, ich habe nicht einmal mehr Lust, zum Briefkasten zu gehen."

Diese Haltung rief den Familienrat auf den Plan. Vier Wochen nach Jackys Tod wurde nach allgemeiner Klärung beschlossen, dass ich und mein Frauchen die Patenschaft für einen neuen aufzunehmenden Welpen unser Rudel übernehmen würden.

Wieder ein Yorkshire Terrier

von R. Kopta

Darf ich mich vorstellen! Mein werter Name ist Felicitas, gerufen werde ich von meinem Frauchen Feli.

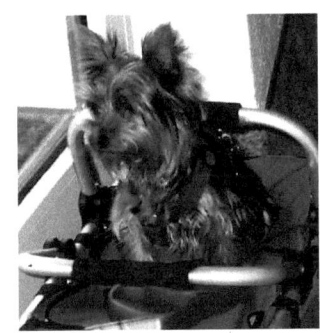

Geboren wurde ich an einem 16. Juni vor nunmehr vier Jahren. Ich bin die legitime Nachfolgerin von Jacky und die Ziehtochter der Mittelschnauzerhündin Susi.

Mein Hauptwohnsitz ist im Nobelviertel Strießen, die meiste Zeit des Sommers halte ich mich, mit meinem Frauchen auf einem Campingplatz auf. Ich kann zu meiner Verteidigung noch anführen, dass ich zu den Yorkies gehöre, die zweifellos eine der attraktivsten Kleinhunde sind. So weise ich sämtliche Eigenschaften auf, die mich zu einem anpassungsfähigen und stolzen Hund, richtiger gesagt Hundchen machen. Ich habe auf dem Campingplatz oder vor dem Kaufmarkt schon oft bewiesen, dass ich zäh, mutig und wachsam sein kann. Ich besitze selbstverständlich alle Wesensmerkmale der Jagd- Schutz und Gebrauchshunde. Dazu bin ich wohl der idealste Familien-, Wohn- und Camperhund und leicht an Gewicht.

Ich verberge mich schnell mal in der Tasche, um unnötigen Stress in Bus, Bahn und Auto sowie in Supermärkten zu vermeiden. Das Wichtigste, mein Frauchen kann mich ohne Bedenken für kurze Zeit allein lassen. Die Wohnung bleibt auch sauber, weil ich keinen Haarwechsel habe, lediglich gehen mal ein bis zwei Haare beim Kämmen aus. Genug des Eigenlobes, wer mich nicht mag, hat eben keinen Geschmack! Das meine ich so, wie ich es gesagt habe! Oder wollt Ihr mir widersprechen?

Nachdem ich mit meinen Wurfgeschwistern die zwölfte Woche erreicht hatte, ahnten wir, dass damit eine neue Lebensphase beginnt. Uns nervten die ständigen Hinweise unserer Hundemutter, viel interessanter war es, die Umgebung zu erforschen. Das war auch der richtige Zeitpunkt für uns, aus dem Haus zu gehen und ein eigenes Leben zu beginnen.

Wisst Ihr, dass wir Yorkies völlig schwarz auf die Welt kommen und sich das Fell dann erst nach und nach verändert?

Eines Tages klingelte es an der Wohnungstür. Wir Welpen liefen neugierig zur Tür, um nach zu sehen. Zwei fremde Frauen standen vor der Tür.

Die eine, eine ältere Dame, konnte ich gleich gut riechen. Ich legte mich vor ihre Füße, um ihre Aufmerksamkeit zu erwecken. Sie bückte sich und nahm mich behutsam auf. Dabei ahnte ich nicht, dass diese neue Freundschaft den Abschied von meiner Hundemama und meinen Wurfgeschwistern, bedeutete. Ich wurde in ein Körbchen gehoben. Die Frauen erhielten für mich viele Leckerli und Dokumente, die meine Einzigartigkeit und Impfungen beinhalteten. Im Auto hatte mein neues Frauchen den Korb auf ihrem Schoß und graulte liebevoll mein Fell.

Nachdem wir in meinem neuen Zuhause angekommen waren, begann ich neugierig und vorsichtig alles zu beschnuppern. Ich markierte mein neues Revier.

Das heißt, ich verrichtete mein Geschäft auf einer Zeitung, die für mich vorsorglich bereit lag. Bei dieser ersten Erkundungstour wurde ich dafür nicht bestraft. Zu diesem Zeitpunkt wusste ich noch nicht, dass mein Handeln nicht meinem Status entspricht.

Heute sehe ich ein, dass ich mein ordnungsliebendes Frauchen mit meinen kleinen Seen auf dem teuren Teppich ganz schön auf die Probe gestellt hatte. Nunmehr laufe ich hin und her, beginne zu suchen und drehe mich im Kreis - das ist das Zeichen für mein Frauchen, sich zu sputen, um mit mir Gassi zu gehen. Wir sind inzwischen ein eingespieltes Team.

Noch schnell zum Thema Führer des Rudels. Ich war in dieser Familie nicht alleine.

Susi, die achtjährige Mittelschauzerrhündin der Tochter meines Frauchens, übernahm ab sofort die Leihmutterrolle und zeigte mir viele Tricks.

Wir spielten ausgelassen, teilten die Leckerlis und schmusten mit unseren Frauchen.

Beim Gassigehen lernte ich viele neue Zwei- und Vierbeiner kennen, da waren der Cesarhund Benno und der Yorki Toni.

Ich verliebte mich gleich in einen großen Münsterländer, der auf den schönen Namen Dan hörte und der auch Susis erste Wahl war. Dan wurde mein väterlicher Freund und Beschützer. Etwas eifersüchtig war ich auf Heika, eine stattliche Husky Hundedame, die mit Dan sehr vertraut war.

So viele neu gewonnene Freunde ließen mich meine Wurfgeschwister schnell vergessen. Dazu bekam ich von meinem Frauchen viele besondere Leckerlis und Streicheleinheiten. Habe ich Euch schon von Bobi erzählt?

Das ist ein Zweibeiner mit Flügeln, der besonders bunt aussieht und mich gleich ins Herz geschlossen hat.

Für ihn bin ich der Ersatz für meine verstorbene Vorgängerin Jacky. Er hat wohl gar nicht richtig mitbekommen, dass ich ein ganz anderer Hund bin.

Schon am ersten Tag begrüßte er mich in meinem neuen Quartier mit seinem lustigen Gezwitscher. Dann neigt er den Kopf im Käfig, um mich zu beobachten. Schnell hatte ich meine Scheu vor ihm abgelegt, ich sah, wie Susi mit ihm busselte. Wie ich von meinem Frauchen weiß, fragte meine Züchterin vom „Hippoland´s Yorkiezwinger" öfters nach, ob ich mich auch wirklich gut eingelebt habe. Mit dem richtigen Erziehen hatten wir, mein Frauchen und ich, am Anfang noch einige Meinungsverschiedenheiten. Ich hatte eine andere Vorstellung von Ordnung und Sauberkeit und stellte sehr schnell Mängel in unserer gemeinsamen Behausung fest.

So fing ich langsam an, die Wohnung nach meinen Vorstellungen zu gestalten. Zuerst untersuchte ich die Festigkeit der Tapeten im Wohnzimmer und auf dem Flur. Ich fand heraus, dass der Putz bröckelte und sich dadurch die Tapeten lösten. Den unnötigen Putz entfernte ich mit meinen kleinen Pfoten, riss die losen Tappentenreste ab und leistete damit, gute Vorarbeit für das Anbringen des neuen Putzes. Was wäre aus meinem Frauchen geworden, wenn ich nicht so gewissenhafte Vorarbeit geleistet hätte. Jedenfalls hält die neue Tapete bis heute und das will doch viel heißen. Weil mein Frauchen mich dafür weder lobte noch tadelte, fand ich sehr schnell heraus, dass die Handwerker auch am Fenster geschlampt hatten. Wieder leistete ich die nötige Vorarbeit dafür, um die Reparatur für mein Frauchen so leicht wie möglich zu machen. Ich arbeitete sehr zügig mit meinen kleinen Pfötchen, mal in der Stube, mal im Flur. Weil ich ja noch ein Welpe war, kann man streiten, ob diese Kinderarbeit nicht verboten gehörte. Oder sollte mein Frauchen da einen Fehler gemacht haben? Wie war das doch gleich mit den Grundregeln der richtigen Erziehung? Hat sie alles versucht, um mich im Spiel zu erziehen, erfolgten ihre Ermahnungen nicht viel zu lange nach meinen Straftaten? Woher sollte ich Stunden nach der Entdeckung eines kleinen Fehlers wissen, dass sie das nicht besonders toll fand. Manchmal frage ich mich, wer muss zuerst erzogen werden, der Hund oder der Besitzer? So erinnere ich mich noch an meine Hilfsaktion mit der Tapete. Frauchen hatte mich lächelnd angesehen und gemeint; „Du warst aber fleißig."

Das war für mich eine regelrechte Aufforderung, weitere Fehler zu suchen und die fand ich dann auch. Der Teppich hatte oben und unten viele Fäden, da muss der Hersteller ganz schön geschlafen haben. Ich machte mich daran die Fäden abzuknabbern. Sie glauben gar nicht, was das für Arbeit machte! Irgendwie hat das meinem Frauchen nicht gefallen, sie kaufte einfach einen neuen Teppich. Dieser hat gar nicht mehr nach mir gerochen, deshalb hatte ich viel zu tun, um ihn meine persönliche Note wieder aufzusetzen. Inzwischen war der Frühling ins Land gezogen. Mein Rudel, dazu gehörten Susi, ihr und mein Frauchen sowie Bobi rüsteten uns für die neue Campingsaison.

Ich bin Miteigentümerin eines Wohnwagens. Unser umzäumtes Gartengrundstück liegt unweit von einem großen See und mitten im Wald. Ein richtiges Hundeparadies mit vielen

Abwechslungen und himmlischen Gerüchen. Hier traf ich viele alte und neue Freunde. Paul, der Hund des Kneipers besuchte uns täglich. Unweit hatte mein väterlicher Freund Dan mit seinen Zweibeinern sein Lager aufgeschlagen.

Hier lernte ich den jungen Camperhund Dicky kennen. Wir tobten ausgelassen herum, das Entenjagen am See bereitete uns am meisten Spaß.

Der Erpel verulkte Susi. Er flog zu ihr hin, um sie von seiner Familie, einer Entenmama mit ihren vier Kücken abzulenken, und schwamm davon. Erst schwamm Susi ihm nach.

Bis er es zu toll trieb und Susi sich völlig erschöpft ins Gras fallen ließ.

Wir anderen bellten motivierend, um Susi aufzumuntern, nicht aufzugeben.

In der Camperkneipe war ich ein gern gesehener Gast, nicht nur wegen dem Haushund Paul. Da war Karli, ein reizender Zweibeiner, der hatte sich tatsächlich in mich verliebt. Mein Frauchen ging den Handel nicht ein, mich bei ihm zu lassen, dafür hatte sie mich, trotz meines langen Sündenregisters, viel zu lieb.

Wirkung eines Hundes auf alte Menschen

von R. Kopta

Hunde sind eine wirksame Medizin gegen Altersschwäche des Zweibeiners, das sagte mal ein großer Hundenarr. Wenn dem nicht so war, dann wisst Ihr es heute von mir. Wir Hunde sind nicht nur für die Abwechslung des Menschen und ihrer Zierde da, uns wird noch eine weitere Rolle zuteil. Wir verschaffen den Menschen Freude, geben Kraft bei traurigen Anlässen, stehen ihnen bei Krankheiten und Trennungen vertrauensvoll zur Seite. Wir beschützen unser Rudel vor Gefahren, die wir sehr früh erkennen. Ich erinnere an mein 83-jähriges Frauchen. Was wäre sie heute ohne mich.

Mit Mühen steigt sie die drei Etagen hinauf und denkt, endlich bin ich oben, für mich ist es aus mit dem Toben. Ich fühle mich noch frisch und munter und renne gleich wieder bis zum Keller hinunter.

Versteckenspielen ist mein Lieblingssport, da bringt mich auch kein Locken mit Leckerli aus dem Keller fort. Im Treppenhaus erklingt mein frohes Bellen. "Komm' hol' mich, ich warte auch brav auf Dich!"

Mein Frauchen kennt dieses fröhliche Bellen und muss sich dem Unabänderlichen stellen. Es bleibt ihr nicht erspart die Treppen nochmals hinab – und hinauf zu steigen, wer Dummes denkt, könnte sich die Haare raufen. Mein Frauchen bleibt bis ins hohe Alter fit und gesund, sie hat nun mal mich, einen jungen Hund! Abends beim Gassi gehen sehen wir uns nur einmal an, wer ist heute mit der Wahl des Weges dran?

Wir wollen immer die ersten beim Gassigehen um den Häuserblock sein und holen auf halber Strecke die anderen trödelnden, Hunde ein.

Mein Frauchen ist alt, und ich bin jung

-    wir sind ein unschlagbares Team!

Blinder Hund na und ?

Susi brachte Feli all das bei, was sie von Jacky gelernt hatte. Gemeinsam durchstreiften sie den Wald um den Heidemühlenteich. Da zeigte sich der Unterschied, Feli war wasserscheu und sie hatte mit Enten nichts am Hut und Paul war für sie auch zu alt. Dagegen Dicky, Dan und Heika konnte sie gut riechen, dieses auf Gegenseitigkeit beruhte.

Susi wollte eines Tages nicht mehr ins Auto steigen. Auf einem Spaziergang setzte sie sich mitten auf den Weg und wollte keinen Schritt mehr gehen, ihre geliebten Stöckchen ließ sie achtlos liegen. Susi rannte, wie aus Trotz, immer wieder gegen die geschlossene Tür, die sie sonst immer selbst geöffnet hatte. Was war die Ursache von Susis plötzlichem Wesenswandel?

Ich fuhr mit Susi in die Tierklinik in der Nähe von Stolpen. Der Tierarzt diagnostizierte; „Ihr Hund ist stockblind!"

Ich bekam alle erdenklichen Gefühlsausbrüche, vor allem Mitleid für meinen vierbeinigen Liebling und Angst vor der Zukunft. Im Internet suchte ich nach Erfahrungsberichten und den Ursachen für die plötzliche Erblindung eines Hundes. Die Schreckensnachrichten hatte ich gleich ausgeblendet und mich damit vertraut gemacht, wie ich Susi das Leben erträglich gestalten kann. Ich erfuhr, dass das Leben mit einem blinden Hund nicht anders wie mit einem gesunden sein müsse. Es lag nun an mir, mich auf diese neue Situation einzustellen. Von da an wechselten wir unsere Rollen. Ich wurde Susis Beschützerin und die Führerin eines blinden Hundes. Von Vorteil war, dass Susi alle Befehle in den elf Jahren unseres Zusammenlebens beherrschte und uns die Kommunikation ohne Blickkontakt erleichterte. Zuerst wurde ich in meinem Selbstmitleid co-abhängig. Je mehr ich darüber wusste, umso sicherer ging ich mit diesem Problem um. Ich konnte es nicht ändern, mein Hund war blind. Susis Zustand zwang mich förmlich zur Ruhe und Ausdauer. Sie lehnte die erste Zeit das Essen und Trinken ab. So kniete ich mich vor sie hin und fütterte meinen Hund wie ein Baby mit dem Löffel. Danach hielt ich Susi den Wassernapf direkt unter die Nase. Eines Tages begann Susi allein zu fressen und wieder zu trinken. Ich behandelte sie so, als wäre nichts gewesen und zeigte ihr gegenüber nicht mehr so viel Aufmerksamkeit für ihr Handicap.

Susi lernte wieder, ins Auto zu steigen, bellte im Auto mit, wenn Feli einen anderen Hund auf der Straße begrüßte. Sie fuhr ohne Angst mit auf den Campingplatz.

Die meiste Zeit lag Susi auf ihrem Platz im Pavillon, um in unserer Nähe zu sein. Susi richtete sich auf, wenn die Zeit heran kam, zum Heidemühlenteich zu spazieren.

Vorher machte sie mit Feli immer einen Abstecher an unseren Gartenteich, um nach der Kröte zu sehen, ging ja nicht mehr, eher, um zu trinken. Die erste Zeit lief sie hinter mir, dann übernahm sie allmählich wieder die Führung.

Sie orientierte sich an dem Geräusch der Hundemarke von Feli, die an deren Hals lustig hin und herwippte.

Susi lief nach einem Monat schon wieder allein ohne Leine, über Wurzeln den Weg bis zum Wohnwagen zurück.

Feli war zu dieser Zeit wie eine kleine Krankenschwester, sie brachte Susi das beste Leckerli an ihren Schlafplatz, verbellte jeden, der ihnen zu nahe kam, sogar Susis Freund, den Enterich.

Zwei Monate später war ich mit Susi vom Campingplatz zurückgekehrt, um einige Dinge zu ordnen. Susi lag ruhig auf der Couch, zeigte mir mit einer Geste, dass sie auf dem Rücken gegrault werden wollte. Danach folgte sie mir gewandter als sonst in den Grundstücksgarten, damit ich die Wäsche aufhängen konnte. Plötzlich begann sich Susi gegen den Uhrzeigersinn zu drehen. Ich trug sie nach oben, der Drang, sich zu drehen hörte nicht auf. Gemeinsam mit ihrem Herrchen fuhren wir in die Tierklinik in Richtung Stolpen. Der Tierarzt, der Susis Blindheit festgestellt hatte, erklärte uns, dass er bereits befürchtet hatte, dass diese von innen her gekommen sei. Susi litt an einem unheilbaren Gehirntumor, der in den drei Monaten so gewachsen war, dass sie unter starken Schmerzen litt.

Da erinnerte ich mich an die Worte des Arztes bei unserem ersten Besuch, der Susis Probleme geahnt haben musste; „Geben Sie ihrem Hund viel Liebe und Zuwendung, er wird das die nächsten Wochen brauchen!" Schweren Herzens entschieden wir uns, Susi von ihrem Leiden zu erlösen. Wir hatten mitbekommen, dass Susi innerhalb von zwei Stunden so verfallen war, dass sie uns kaum noch erkannte.

Wir streichelten unseren Liebling, bis die Spritze, die sie in einen Tiefschlaf versetzte, wirkte und dann noch die zweite Spritze, die bewirkte, dass ihr Herz für immer aufhörte zu schlagen. Am späten Abend begegnete mir eine mir unbekannte Dame, die mich nach dem Grund meiner tiefen Traurigkeit fragte. Tröstend und zugleich stimulierend sprach sie auf mich ein. „Trauern Sie nicht allzu sehr um Ihren Hund, es schmerzt Ihre Susi in der anderen Welt, Sie so zu sehen, denn ihr Verstand kann nicht verstehen, warum Sie weinen. Sprechen Sie mit ihrer Susi, sagen Sie ihr, dass sie sie lieben. Das hilft insbesondere Ihnen, Ihre Trauer zu überwinden."

Ich hatte in den darauf folgenden Tagen das Gefühl, Susis Bellen zu hören. Die Couchdecke, die am Abend geglättet lag, war am Morgen verschoben. War das eine Sinnestäuschung? Wie Wehen zog es mir das Herz zusammen, wenn ich an Susi dachte, ganz allmählich verging der stärkste Schmerz. Bis ich zufällig meine Unterlagen sortierte und das Geburtstagsgeschenk meiner Tochter zu meinem vor einem Monat gefeierten 60. Geburtstag, in der Hand hielt. Eine Dreitagesreise mit Hund nach Bansin auf die Insel Usedom. Der Reisetermin war einen Monat nach Susis Ableben. Ich weiß nicht, welcher Teufel oder Engel mich damals geritten hat, genau an diesem Tag ins Internet zu gehen

und den Suchbegriff „Mittelschnauzerhündin"
einzugeben?

Oder war es eins der vielen Bücher, die ich zur
Trauerbewältigung gelesen hatte, in denen mir
suggeriert wurde: „Es gibt viele Gründe sich
nach einem Verlust wieder ein Haustier
anzuschaffen. Viele verlassene oder ausgesetzte
Tiere warten auf ein neues Frauchen, dem es
seine ganze Liebe und Treue schenken kann."
Lange saß ich am schwarzen Bildschirm, dann
öffnete sich allmählich nur ein Bild zu diesem
von mir eingegeben Suchbegriff. Ich sah Shyra
hinter Gittern in einer spanischen
Tötungsstation.

Ich frage mich immer wieder, war es Vorsehung?

Schnauzer Mix sucht dringend ein neues Zuhause

von W. Nicklas

Die Rede ist von einer Dame mittlerer Größe. Ihre acht Monate Lebenserfahrungen beinhaltet leider schon eine sehr traurige Vergangenheit.

Shyra – so ist ihr Name – wurde gemeinsam mit ihrem Bruder von Hundefängern von der Straße geholt und in die Perrera (Tötungsstation) verbracht.

Daselbst musste sie das Sterben ihres Bruders miterleben.

Jetzt ist die eigentlich freundliche Hündin sehr in sich gekehrt und niedergeschlagen. Günstig wäre ein bereits vorhandener Hund, der sie das Erlebte schneller vergessen lässt!

Drei Wochen später fuhren wir an die Ostsee. Feli arrangierte sich sofort mit Shyra. Ich hatte in meiner Trauer eine so liebe und treue Freundin gefunden. Shyra habe ich schon sehr viel von Susi erzählt. Bei allem, war wir gemeinsam unternehmen, habe ich ein Déjà-vu. Shyra verhält sich so wie Susi. Sie hat die gleiche Eigenheit, nur etwas lebhafter mit 16 Monaten und sie liebt, Dan, Haika und viele andere. Dazu ist sie beliebt bei allen Zweibeinern, denen wir begegnen.

Shyras Phobie

Warum ich nicht vor einem Discounter allein warten will?

Mein neues Frauchen sieht sich jeden Montag die Fernsehsendung „Mit Rat und Tat" für Hundehalter/innen an. Vieles hat sie sich dabei für meine Erziehung erfolgreich abgesehen. So laufe ich inzwischen mit einem „Halti" völlig ungestresst und artig neben ihr her und begrüße alle uns entgegenkommenden Hunde gesittet und drehe nicht mehr durch, wenn mein Frauchen mir den Befehl erteilt weiterzulaufen. Sie spürt sehr genau, dass der entgegenkommende Hund mich nicht riechen kann. Sie weiß sofort, wenn ich einen Winzling mit meinem noch ungezähmten Temperament und meiner Größe zu sehr auf die Pelle rücke.

Ich freue mich immer auf diese Sendung und den Tierpsychologen, weil wir danach das Gesehene nachspielen. Mein Frauchen sagt dazu Lernen, für mich ist es Spielen. Zur Belohnung gibt es hinterher immer Leckerlis. Wir spielen zurzeit, alle möglichen Dinge holen, Frauchen sagt dazu apportieren.

Ihr wollt sicher mein Geheimnis erfahren und ich labere so dahin.

Ich habe panische Angst, allein gelassen zu werden. Wobei sich das nicht auf unsere gemeinsame Wohnung bezieht. Da sind mein Schlafplatz und viele Gerüche, die mich an mein Frauchen erinnern, deshalb weiß ich, dass sie immer wiederkommt.

Meine Angstzustände haben ihren Ursprung in meiner Vergangenheit als Welpe. So lange ist das ja auch nicht her, ich bin in diesem Moment 15 Monate alt. Vor sieben Monaten kam ich zu meinem Frauchen nach Deutschland, dafür bin ich ihr sehr dankbar. Sie war nach dem Tode ihrer zwölf Jahre alten Mittelschnauzerhundedame Susi sehr traurig. Eines Tages gab sie ins Internet, von einer magischen Kraft inspiriert, „Mittelschnauzer" ein. Das Fenster öffnete sich und sie sah ein Bild von mir. Ich schaute sie hinter Gittern Hilfe suchend an; „Rette uns!", mich und meinen Bruder Bongo, der am Bein verletzt, neben mir lag.

Und das ist meine Geschichte. Bongo und ich lebten als Welpen wohlbehütet in einem großen Anwesen. Eine ältere Dame fütterte uns und hatte immer eine Streicheleinheit für Bongo und mich übrig. Im heißen Hochsommer verließen die Herrschaften die Villa und wir zwei blieben alleine, angebunden an der Eingangspforte, ohne Fressen und Wasser zurück. Bongo zerbiss unsere Seile und somit waren wir frei. Wir suchten erst einmal eine Wasserstelle und danach die Container nach Fressbarem durch. Wir fühlten uns frei, spielten mit den anderen Hunden, denen es ähnlich ergangen war. Dann kamen die Hundefänger, sie jagten uns tagelang. Mich hatten sie zuerst eingefangen. Bongo wollte mich befreien, dafür bekam er den Stock eines Hundefängers so stark zu spüren, dass er am Bein blutete und von da an zu hinken begann. Wir kamen in eine Perreras, das ist eine Tötungsstation. In Spanien gibt es in fast jeder Stadt solche Tötungsstationen, Weit über 800.

Warum gibt es Perreras?

Hunde werden in Spanien nicht als Freund des Menschen geschätzt, sie genießen keinerlei Respekt und sind meist nur dazu da, ihren Zweck zu erfüllen, wie z.B. auf Haus- und Hof aufzupassen oder bei der Jagd zu helfen. Die spanischen Hunde fristen ihre meiste Lebenszeit oft nur an der Kette, im Freien oder in einem Zwinger. Sie vermehren sich unkontrolliert und der Nachwuchs wird in den meisten Fällen getötet, verschenkt oder ausgesetzt, so waren auch wir uns selbst überlassen. Nach der Jagdsaison spielen sich in Spanien dramatische Szenen ab, das wissen wir von unserer Mutter. Sie wurde, nachdem sie jahrelang alles für die Herrschaften getan hatte, von diesen auf grausame Art und Weise in unserem Beisein getötet. Nicht etwa erschossen, nein - sondern traditionell stranguliert! Dabei kann sie noch froh sein, denn es gibt noch grausamere Hundehalter. Diese werfen ihre Tiere einfach in tiefe Brunnen, übergießen sie mit Säure und zünden die armen Geschöpfe an, oder überfahren ihre treuen Gefährten mit Absicht. Bis es soweit kommt, werden wir Hunde vernachlässigt und oft misshandelt, ja sogar sexuell missbraucht. Werden die Hunde von ihren Herrchen, wie es uns geschah, "nur" auf die Straße geworfen, gehören diese zu den Glücklichen. Während der harten Zeit auf der Straße, davon können wir life berichten, waren wir in ständiger Gefahr. Den Menschen sind wir streunenden Hunde lästig und so drohte uns auch dort der Tod. Deshalb werden die Streuner von Hundefängern eingefangen und danach bringen sie die Hunde in die Perreras. Das sind keine Tierheime wie in Deutschland. Sie werden meist von privaten Investoren geleitet, die mit uns armen Kreaturen Geld verdienen wollen, denn die Gemeinden in Spanien zahlen für jeden Hund eine Kopfprämie. Findet sich innerhalb 21 Tagen niemand der einen streunenden Hund haben möchte, egal ob der alte oder ein neuer Besitzer, werden meine Artgenossen getötet. In der Regel finden aller drei Wochen regelrechte Massentötungen statt. Dabei interessiert niemanden, ob es gesunde Welpen oder Rassehunde sind. Die Zustände in der Perreras sind verheerend. Wir Hunde bekommen kaum Wasser, auch bei 40 Grad Hitze nicht, und meist nur verdorbenes Futter. Verletzte Tiere, wie mein Bruder Bongo, werden nicht tierärztlich versorgt. Wir, Bongo und ich, verbrachten zehn Tage gemeinsam in dieser Tötungsstation.

Am Abend des neunten Tages wurden wir, weil wir für den nächsten Tag auf der Tötungsliste standen, in einen separaten, sehr großen Zwinger gebracht. Ich drängte mich ganz dicht an Bongo, bis plötzlich die Gittertür aufging und ich herausgeholt wurde. Die Anderen - verletzte Hunde, Welpen, dominante Rüden, Mütter mit Welpen und mein Bruder Bongo sahen mir traurig nach. Sie spürten, dass sie am nächsten Tag sterben würden, es herrschte eine angsterfüllte Atmosphäre. Ich hatte Glück, weil mein neues Frauchen sofort eine Email an den Tierschutzverein schickte, um mir ein neues Zuhause zu ermöglichen.

Am nächsten Morgen sehr früh ging das Töten los. Die Tierärzte waren nur dazu in die Perreras gekommen. Ein Hund nach dem anderen wurde herausgezerrt, ohne vorherige Betäubung bekam er das Mittel T61 direkt ins Herz gespritzt. Eine sehr schmerzvolle Prozedur für die Hunde. Ich hörte Bongo laut bellen, er hatte keine Chance mit seinem verletzen Bein. Die Unruhe und der Todeskampf ihrer Leidgenossen drangen zu den verbliebenen Hunden im "Todeszwinger", die noch mehr Panik bekamen, keiner entkam dieser Barbarei. Ich habe diese Tötungsaktion hautnah miterlebt und meinen Bruder Bongo sterben sehen, das werde ich nie vergessen. Können Sie an hungernden Hunden vorbeigehen oder ohne zu helfen zusehen, wie ein lästig gewordener Hund von seinem Halter seelisch und körperlich gequält wird? Sicher nicht, denn für deutsche Tierheime ist es kaum vorstellbar, dass ein Tier, egal ob Vierbeiner oder Exot, das nach 14 Tagen nicht vermittelt ist, einfach getötet wird. Nein, das gibt es in Deutschland nicht. Natürlich gibt es viele Tiere, die kein Zuhause mehr haben, weil der Besitzer verstorben, verarmt oder ins Altersheim gekommen ist. Den Tieren geht es in Deutschland um ein Vielfaches besser, als den armen Kreaturen in den Spanischen Perreras. Und deshalb gibt es in Deutschland Vereine, die sich der Hilfe für die bemitleidenswerten Geschöpfe verschrieben haben. Zuerst kommt die Hilfe vor Ort: an erste Stelle eine artgerechte Unterbringung, Ernährung und ausreichende tierärztliche Versorgung. Erst wenn für die Tiere in Deutschland ein neues Zuhause gefunden wurde, werden die Hunde für eine Ausreise vorbereitet. Das übernimmt eine spanische Pflegestelle. Diese nennen die Spanier Residence. Die Auffangstation ist kein Tierheim, sondern eine Zwingeranlage mit geringer menschlicher Zuwendung. Hier sind die Hunde sicher vor der Tötung. Die Hunde werden von Tierschützern beobachtet, versorgt und es beginnen tierärztliche Untersuchungen sowie Labortests.

Die Tierschützer achten darauf, dass eine Frist von 21 Tagen nach der Impfung vor einer Ausreise eingehalten wird. Denn der volle Impfschutz gegen Tollwut, Parvovirose, Staupe und Leptospirose ist erst nach drei bis vier Wochen vorhanden. Auf die vermittelten Hunde kommen neue Strapazen zu. Deshalb müssen die Hunde gesund sein, um die stressigen Transporte und den Klimawechsel zu überstehen. Es ist verständlich, dass die Unterkunft in einer Residence teuer ist, sie kostet 2,50 EUR für einen Tag!

Ich wurde mit zehn anderen Hunden von Spanien über Frankreich nach Deutschland, cirka 3000 km, in fast 40 Stunden in einer Transportbox, die kleineren Hunde in Käfigen, die jederzeit zugänglich durch einen Mittelgang waren, transportiert. Wir hatten in unseren Trinkgefäßen ausreichend frisches Wasser, das bei jedem Stopp erneuert wurde. Einzeln wurden wir ausgeführt, um unser großes und kleines Geschäft machen zu können. Die Luftzufuhr durch die Ventilation brachte uns

Kühlung. Ein Hund bekam Husten und der Nachteil der guten Lüftung war, dass wir uns bei ihm ansteckten. Bei der Übergabe auf einem Parkplatz in Plauen/Voigtland erhielt mein Frauchen einen Übergabevertrag (Pflegevertrag) in dem meine Daten, mein Gesundheitszustand und auch die Chipnummern aufgeführt waren, sowie ein Foto.

Seit drei Monaten bin ich wie Jacky und Susi vor mir, mit Feli Camper im Hundeparadies am Heidemühlenteich und sehr müde vom vielen Herumtollen.

Dan besucht uns des Öfteren, gemeinsam erkunden wir den Wald und See.

Hier bin ich glücklich, denn hier darf ich es auch sein!

Zu meinen neuen Hundefreunden in der Nachbarschaft, gehört die 15 Jahre alte Peggy.

Ihr Frauchen ist vor acht Jahren auf den Hund gekommen, wie die Jungfer zum Kind. Aus einer kurzfristigen Urlaubsbetreuung wurde eine Wohngemeinschaft. Peggy hat es mit Ihrem Frauchen gut getroffen.

Wer schaut denn da so spitzbübisch drein? Das ist mein gleichaltriger Schwarm Benny, ein richtiger Draufgänger. Auf den folgenden Seiten erzählen unsere Freund und ihre Halter ihre Erlebnisse und Geschichten.

II. Tierliebe mit Herz und Verstand -

Reise ins Tierheim nach Cegléd / Ungarn
geschrieben von Tiffany aus Dresden

Das erste Mal hörte ich vom Tierheim in Cegléd, als ich mir die Sendung im WDR „Tiere suchen ein Zuhause" anschaute. Was ich da sah, war eine Mischung aus Betroffenheit und Verwunderung. Es ist traurig, wie viele Hunde auf ein Herrchen oder Frauchen warten. Obwohl sie optimal untergebracht sind, müssen sie den Winter im Freien verbringen. Das ist für die Welpen und alten Hunde besonders schlimm, weil sie doch viel lieber ein schönes warmes Körbchen im heimischen Wohnzimmer bevorzugen.

Verwundert war ich darüber, wie der Leiter eines Tierheims in Nordrhein-Westfalen (Bund gegen Missbrauch der Tiere) einfach in den Käfig griff und die Hunde streichelte und kraulte, ohne auch nur einen Kratzer davonzutragen.

Die Hunde genossen förmlich diese Streicheleinheiten, als wenn sie darauf gewartet hätten. Diese Erfahrung wollte ich nun selber machen und so beschloss ich, nach Ungarn zu fahren.

Zur Vorgeschichte:

Nachdem unser lieber Asco nach einem schönen und erfüllten Leben mit 16 Jahren eingeschläfert werden musste, konnte ich den Wunsch nach „Nachwuchs" nicht mehr unterdrücken. Ich habe sämtliche Tierheime in Dresden und Umgebung abgeklappert. Einige Tierheime, die äußerlich schöner aussahen, als das durch Privatinitiative und Spendengeldern errichtete Tierheim in Cegléd, konnten nicht darüber hinwegtäuschen, dass die Hunde hier in „Einzelhaft" gehalten wurden und ihre Aggressivität durch lautstarkes Bellen mit hochgezogenen Lefzen gehörig zum Ausdruck brachten. Auf meine Anfrage, einmal einen Hund ausführen zu dürfen, um mich mit ihm bekannt zu machen, gab es nur die Antwort;: „Ja, wenn Sie sich entschlossen haben, den Hund zu kaufen, können Sie auf dem Grundstück eine Runde drehen, ansonsten können Sie sich die Tiere nur im Zwinger anschauen." Das Bedürfnis, einen mich aggressiv ankläffenden Hund zu streicheln, verspürte ich dabei verständlicherweise nicht ...

Nach dem Beitrag im Fernsehen recherchierte ich sofort im Internet. Über den Tierschutzverein „**Perrera e. V.**", der sich für das ungarische Tierheim in Cegléd einsetzt, lernte ich Birgit Behr kennen, die mich sachkundig über die Formalitäten einer Adoption aus dem Ausland informierte und mich bei meinem

Vorhaben, nach Cegléd zu fahren, sehr unterstützte. Sie stellte auch die Verbindung zu Imre, dem Dolmetscher, her.

Nun war es endlich soweit. Der Flug ab Berlin war gebucht und Imre hatte für mich das Zimmer im Hotel Alföld reserviert. Mit dem Zug fuhr ich von Dresden nach Berlin. Nach einem angenehmen Flug wurde ich in Budapest von Imre abgeholt und nach Cegléd gefahren. Die Verständigung in Englisch klappte prima und so konnte ich auf der knapp einstündigen Fahrt schon so einiges über die Hunde, das Tierheim sowie Land und Leute erfahren. Am gleichen Nachmittag habe ich dem Tierheim einen Besuch abgestattet und auch Kathie kennen gelernt.

Empfangen wurde ich von einem ohrenbetäubenden „Begrüßungsgebell", welches auch während meines zweitägigen Aufenthaltes nur selten verebbte.

Das machte die Tatsache, sich für nur zwei Hunde zu entscheiden, nicht einfacher.

Jeder von den süßen Rackern versuchte mir mitzuteilen, wie sehr er sich eine liebe Familie wünscht, ein warmes Plätzchen an der Heizung und viele, viele Streicheleinheiten. Dass die Tiere in Cegléd gut versorgt werden, lässt keinen Zweifel offen, obwohl es an Vielem fehlt. Besonders Decken, Handtücher, Bettwäsche und Futterspenden wären willkommen. Von Kathie liebevoll betreut, habe ich mir erst einmal einen Überblick über alle Hunde verschafft. Als ich am Abend in meinem Hotelbett lag, musste ich immer wieder an Odin, einen Pyrenäen-Schäferhund-Chow-Chow-Kuvasz-Leonberger-Golden Retriever-Mix denken, den ich sofort ins Herz geschlossen hatte. Am nächsten Morgen wurde ich wieder am Hotel abgeholt und zum Tierheim gefahren. Für mein leibliches Wohl am Mittag sorgte Kathies Tochter. Adri hatte für mich ein leckeres, typisch ungarisches Mahl bereitet. Am Nachmittag kam Adris Freundin Manci, die sehr gut Deutsch spricht, und wir konnten uns über die einzelnen Hunde, die in meine engere Wahl fielen, unterhalten. Da gab es Pit Bullterrier-Mischlinge und Doggen-Labrador-Mischlinge, die ganz besonders viele

Streicheleinheiten einforderten. Weil sie in Deutschland zu den Kampfhunden zählen, konnte ich diese nur knuddeln und mit Leckerlis verwöhnen. Eine Einreise nach Deutschland, wie mir Birgit sagte, wäre sowieso nicht möglich gewesen. Sie konnten einem schon leidtun, diese liebebedürftigen Wesen! Stundenlang habe ich vor den Käfigen gestanden und mit jedem Einzelnen geschmust. Das, was ich niemals geglaubt hatte, war Wirklichkeit. Ich konnte meine Hände, sogar die ganzen Arme durch die Gitter stecken, ohne dass ich auch nur einen Kratzer abbekam. Stattdessen wurden meine Hände geleckt, die Leckerlis vorsichtig von meiner Hand genommen und immer wieder schauten sie mich an, die großen fragenden Augen; „Nimmst du mich mit?? Wer wird da nicht schwach?!

Allein der Anblick, wie sie da hinter dem Gitter standen, Einer neben dem Anderen, und abwarteten, bis jeder mit einem Leckerli an der Reihe war. Ohne zu drängeln oder zu zanken.

Das zu erleben, war eine wahre Freude. Jetzt stand mein Entschluss fest. Odin ist der Erste, für den ich mich entscheide. Ich wusste, wie ich im Internet unter seinem Bild gelesen hatte, dass er nicht an der Leine läuft. Es war auch nicht einfach, ihn aus seinem Käfig zu bekommen. Er setzte sich hin und stemmte die Vorderpfoten widerspenstig in den Boden. Nach einer halben Stunde mit viel Geduld und vielen Leckerlis habe ich es endlich geschafft, dass sich Odin zehn Meter in Richtung Ausgang bewegt hatte. Mit der Leine wurde es also nichts und so haben wir ihm ein Geschirr angelegt. Damit ging es etwas besser. Wir haben das Gelände verlassen.

 Mit vielen Streicheleinheiten und gutem Zureden klappte es dann immer besser.

Nachdem wir schon eine Stunde gelaufen waren, blieb Odin plötzlich vor mir stehen, stellte sich auf seine Hinterpfoten, umklammerte meine Hüften und schaute mir in die Augen, als wollte er mir sagen; „Nimm mich mit!" Ich habe ihm leise ins Ohr geflüstert: „Ja, du hast schon mein Herz erobert; du musst nur noch ein bisschen warten, bis du nach Deutschland gebracht wirst. Für mich wird die Wartezeit doch auch schwer werden, aber wir stehen das schon durch!"

Ich bin mit Odin die lange Straße einige Stunden auf und ab gegangen und hatte gar nicht bemerkt, dass es bereits finster geworden war. Nach diesem erlebnisreichen und zugleich anstrengenden Tag – die Gefühle schwappten hin und her, zerrissen mich innerlich – haben mich Imre und seine Frau Gizi mit zu sich nach Hause genommen, wo ich auf sieben „Pflegekinder" (natürlich Hunde) traf. Eins von ihnen war Cindy. Sie ist eine Schäferhund-Colliemischlings-Dame. Das war Liebe auf den ersten Blick auf beiden Seiten! Erst einmal wurde ausgiebig geknuddelt. Cindy, die als Baby gefunden und in der Familie von Imre aufgewachsen ist, hätte bestimmt gut zu Odin gepasst. Leider musste ich am nächsten Tag erfahren, dass sie nicht in eine Pflegestelle kommt, wie Imre dachte, sondern schon richtig in eine Familie nach Deutschland vergeben war. Schade! Ein großes Glück für das zukünftige Herrchen und Frauchen von Cindy!

An diesem Abend haben wir uns über zwei Stunden angeregt über die Arbeit des Tierschutzes, die Hunde und viele Erlebnisse, die immer wieder für die uneigennützige und aufopferungsvolle Arbeit entschädigen, unterhalten. An dieser Stelle möchte ich einmal über die ungarische Gastfreundschaft berichten. Ich hatte vom ersten Moment an das Gefühl, willkommen also bei Freunden zu sein. So sind sie eben, die Ungarn! Nach einem netten Abend hat mich Imre dann zum Hotel gefahren. Ich ging sofort nach dem Duschen ins Bett, doch an Schlaf war nicht zu denken. Ich sah die vielen, traurig bittenden Hundeaugen vor mir. Am nächsten Morgen wurde ich von Geza abgeholt. Nach einem „obligatorischen" Besuch im TESCO kamen wir um 10.00 Uhr im Tierheim an. Mein erster Weg führte mich zu Odin. Jetzt war ich mir schon ganz sicher, dass er auf mich gewartet hatte. Er stand am Gitter und wedelte mit dem Schwanz. In seinen Augen lag die Sehnsucht nach einem neuen Zuhause, nach Geborgenheit, Streicheleinheiten, nach einem Frauchen und Herrchen und immer wieder die Frage, wann holst Du mich endlich hier raus!?! Die anderen Hunde unterstützten ihn lautstark. Odin war ganz still und blickte mich nur an.

„Hol' mich hier raus!" An diesem Tag schaute ich mich noch nach einer Hündin um. Bei der riesigen Auswahl fiel es mir nicht schwer, die passende Dame zu finden. Es war Diana, die heute den schönen Namen „Kimba" trägt.

Nach einem Spaziergang mit Odin und Diana stand fest, die Beiden gehörten zusammen. Sie ist auch eine ganz verschmuste und ruhige Hündin. Sie kamen in einen gemeinsamen Zwinger. Nach dem „Beschnuppern" und „Bekusseln" habe ich mich mit zu den Beiden in den Zwinger gesetzt. Nun war das Familienglück perfekt. Sie konnten gar nicht mehr von mir ablassen.

Jetzt war Graulen angesagt und ich konnte richtig spüren, wie sehr sie es genossen. Umso schwerer war der Abschied, als es dunkel wurde und ich mich von ihnen trennen musste. Ich weiß nicht, wie lange sie mir nachgeschaut haben. Ich konnte mich nicht noch einmal umdrehen.

Fazit:

Dank der aussagekräftigen, vertrauenswürdigen und interessant gestalteten Homepage von Perrera e.V. war ich gut vorbereitet. Meine Vorstellungen und Erwartungen, die ich vor der Reise hatte, wurden bei Weitem übertroffen. So viele liebe und liebebedürftige, sozialisierte – weil im Rudel lebende – Hunde hätte ich nicht vermutet. Vor allem, dass ich jeden Hund streicheln konnte, also in jeden Zwinger hineinfassen konnte, hat mich stark beeindruckt. Ich frage mich, warum sich nicht noch mehr Menschen für diese lieben und sozialisierten Hunde interessieren? Wie viel Idealismus muss ein Mensch besitzen, um jahrelang ehrenamtlich diese schwere und zugleich verantwortungsvolle Arbeit auszuüben (ohne Bezahlung!)? Ich habe große Hochachtung! Mein Dank gilt vor allem Kathie, die das Tierheim leitet. Ebenso Gizi, die sich rührend um die Tiere kümmert und da ein Arzt zu teuer ist, für die kleineren medizinischen Belange wie z.B. Fäden ziehen nach der Kastration, Impfen oder den Chip einsetzen, auch schon mal selbst Hand anlegt.

Hunde Begegnungen im Großen Garten

geschrieben und gezeichnet von H. Winkler

Liebe Tierfreunde, mein Name ist Benno und ich bin ein Schäferhund. Mein Herrchen hat mich mit viel Fleiß und in unzähligen Übungsstunden zu einem Diensthund in einer Polizeistaffel ausgebildet.

Drei Jahre durfte ich ihn als Partner auf vier Pfoten begleiten. Ich war stets bestrebt für Ordnung und Gerechtigkeit zu sorgen. Natürlich habe ich sehr viele gefährliche Situationen erlebt, aber darüber darf ich nicht sprechen. Sie verstehen, auch im Alter stehe ich noch unter Schweigepflicht. Nur einmal habe ich nicht aufgepasst. Der Verbrecher hat mein Herrchen in einen Hinterhalt gelockt und die Waffe auf ihn gerichtet. Bevor ein Schuss losging, bin ich vor mein Herrchen gesprungen und wurde lebensgefährlich verletzt.

Die Tierärzte der Tierklinik haben mich wieder zusammengeflickt und mein Herrchen hat mich mit viel Liebe gesund gepflegt.

Nach dieser schweren Verletzung darf ich nicht mehr in den aktiven Dienst, ich wurde pensioniert. Natürlich bin ich sehr traurig, dass ich mein ehemaliges Herrchen an einen anderen Hundekameraden verloren habe. Aber was soll's, das Gute dabei, ich kam zu lieben Tierfreunden nach Dresden, die mich mein Pensionärs Dasein genießen lassen. Ihr müsst wissen bei Polizeidiensthunden ist es wie bei den Menschen, sie werden nicht Rentner, sondern Pensionäre, weil sie im Staatsdienst gedient haben. In Dresden fühle ich mich sehr wohl, es ist eine alte Stadt mit vielen Winkeln zum Schnüffeln, großen Wiesen an der Elbe. In Dresden gibt es auch einen Zwinger, aber der ist nur für die Dresdner und ihre Gäste, ist ja auch kein eigentlicher Zwinger, sondern das war mal ein Schutzwall für August den Starken und seine vielen Nachkommen. Ich liebe den Großen Garten, da besonders den Carolasee, dort riecht es ausgesprochen gut nach Rostbratwurst. Ich wusste gar nicht, dass es so etwas Schönes gibt, war ja immer nur im Dienst. Hier unternehme ich lange Spaziergänge und mache interessante Hundebekanntschaften. Die Meisten meiner Artgenossen haben liebe Frauchen und Herrchen. Diese Zweibeiner brauchen halt ein liebes Lebewesen zum Knütteln und eine Verpflichtung, um ihrer Einsamkeit zu ertragen.

Jetzt werde ich Ihnen, ich bin gute Umgangsregeln durch meine Dienstzeit gewöhnt, von meinen neuen Freunden erzählen. Voran möchte ich stellen, dass es an den Hundehaltern liegt, wie sie ihre Schützlinge erziehen. Die meisten Hunde verhalten sich sozial und sind gut erzogen.

Böse Hunde gibt es nicht. Höchstens verhätschelte, die durch falsch verstandene Hundeliebe zur Aggressivität erzogen werden. Dann sind sie dominant und wollen die ganze Familie beherrschen.

Zuerst stelle ich Ihnen Rex vor. Ein Schäferhund wie ich, der seine Diensthunde-Ausbildung nicht geschafft hat und deshalb neidisch auf mich ist.

Rex hat es an Disziplin gefehlt, was eben nicht zur Prüfung reichte.

Ja was Hänschen nicht lernt, lernt Hans nimmer mehr – wie mein Trainer zu sagen pflegte. Immer wieder fordert mich Rex auf, ihm aus meiner Dienstzeit zu erzählen, was ich liebend gern tue.

Mein bester Freund ist Max, ein hübscher Leonberger.

 Wir sind seelenverwandt, dazu gleichaltrig und er hat für alles Verständnis. Wir sehen uns verständnisvoll an, wenn die kleinen meist kläffenden Yorkshire Terriers angerannt kommen.

Die Winzlinge müssen sich immer mit lautem Gebell anmelden, damit sie auch zur Kenntnis genommen werden.

Einige Dösköppe rennen, wenn sie es eilig haben, auf drei Beinen, das Vierte vergessen sie einfach auf die Erde zu setzen. Die Vornehmsten tragen Schleifchen im Haar. Max rempelt mich sanft an und meint; „Die haben auch ihre Daseinsberechtigung, lass sie ihren

Spaß haben!" Max wohnt in einem schönen Haus mit Garten. Sein Herrchen will sich weitere Leonberger Welpen zulegen, Spielkameraden für Max, die ihn etwas auf Trab bringen. Wenn ich ihn so ansehe, muss ich zugeben, mein betagter Max wirkt schon etwas träge. Max hat mir anvertraut, dass er kein Interesse an dem Gewimmel, und den Pfützchen in der Wohnung hat. Dann heißt es; „Tue dies nicht, mach das, passe auf deine Geschwister auf, nein danke!"

Zu meinem Wiesenstammtisch gehört das Rudel von Heika, ein Husky. Sie kommt nicht immer zum Treffen, weil ihr Frauchen der Meinung ist, die Elbwiesen bieten mehr Auslauf, da kann Heika ungehemmt drauflos rennen, ihre Rasse wird vorwiegend zum Ziehen von Schlitten eingesetzt und trainiert. Dazu ist Heika eine richtige Einzelgängerin, bis auf Dan, den liebt sie, weil er ihr Rudelführer ist. Ich schließe mich gern den Beiden an. Dieses Rudel zeichnet eine ganz besondere Freundschaft auch zwischen den Halterinnen aus. So begehen sie alle möglichen und unmöglichen Festivitäten, wie Fasching, Frauentag und Hundegeburtstage gemeinsam mit uns und unseren anderen Freunden im Großen Garten. Heikas Frauchen, ist ne' ganz Tolle, sie hat sich sogar einmal zu Fasching als Hexe verkleidet. Nicht etwas zum Fürchten, nein eher lustig. Während wir Hunde mit einer, mit vielen Leckerlis bestückten Strumpfhosen spielen durften, tranken unsere Zweibeiner Sekt. Ja, ja das ist das wahre Leben, uns geben sie Wasser und sie trinken Sekt!

Wir haben noch einen Husky in unserem Rudel. Artur sieht Fern, was Hunde sehr selten tun, weil sie nicht zweidimensional sehen können.

Das heißt er ist ein Televisionist. Natürlich hält er uns dann auf dem Laufenden.

Er ist verliebt in die Hundeschützerin Uta Bresan, deshalb verpasst er keine Sendung „Tierisch-tierisch" von ihr. Neulich berichtet er uns, dass der Tierschutzverein eine große Gruppe Jack Russel Tierwelpen retten konnte. Die Welpen wurden in verschiedenen Tierheimen untergebracht. Auf Grund des Hilferufes von Uta Bresan konnten wenige Tage später alle Welpen vermittelt werden. Die jungen Hunde haben es leichter vermittelt zu werden, weil sie so niedlich aussehen.

Nun möchte ich Ihnen eine Hundedame vorstellen. Im Vertrauen, ich schwärme schon lange für sie. Ihr Name ist Sia. Sia, klingt der Name nicht himmlisch? Sie ist eine dominante Afghanenhündin.

Dazu weiß Sia, dass sie verehrt wird und wie junge Mädchen, so ist auch sie etwas zickig. Wenn sie nicht will, dann übersieht sie mich und meine Freunde ganz einfach. Keinen Gruß nicht einmal ein scheuer Blick. Wenn sie langsam wieder heiß wird, dann wackelt sie verführerisch, völlig schamlos mit ihrem Hinterteil, wie eine Diva und lässt uns abwechselnd schnuppern. Sie weiß genau, dass wir Hundeboys hinter ihr her sind.

Nach der heißen Periode bekommt Sia mütterliche Anwandlungen und kümmert sich reizend um die kleineren Hunderassen.

Die Kleinen, vor allem Bella, Conny und Jacky vergöttern Sia, die ihnen dafür auf der Wiese Benimmunterricht erteilt. Sia teilt unsere Meinung, dass die Kleinen von ihrem Halter meist verwöhnt werden, weil sie so handlich und niedlich sind. Dass die Kleinen gar nicht so gegängelt werden, sondern lieber mit den anderen Hunden Spielen wollen, geben sie meist durch Anbellen und Beißattacken gegenüber dem Halter wieder.

Während die Herrchen und Frauchen, die wir als unsere Rudelhäupter ansehen und beschützen, es sich auf den Bänken bequem machen, sprechen sie miteinander über uns. Ich habe mal gelauscht. Sie sprechen über Futterumstellung, Diätkuren, Erziehungsmaßnahmen und welcher Tierarzt der Beste und Preiswerteste ist. Sie sind so mit sich beschäftigt, dass wir ungehindert spielen und raufen können. Ein richtiger Hund, zu dem ich mich zähle, muss immer wieder den Artgenossen gegenüber seine Dominanz zeigen, um Rudeloberhaupt zu bleiben.

Am liebsten bin ich im Herbst im Großen Garten, wenn die Blätter sich bunt färben, das Laub von den Bäumen fällt und raschelt. Dann ziehen wir Hundejungen, Artus, Max, Rex und ich uns zurück, um eine Kaninchenspur unter dem Laub zu finden. Dabei stören die aufdringlich schönen Hundedamen meist.

Nur die kleine dicke Bella, eine nicht so überzüchtete und von Schönheit geprägte Hundedame, mit ehrlichem Gemüt, die für Max schwärmt, darf uns begleiten.

Wenn Max aus Mitleid und der ihm eigenen Gutmütigkeit mit Bella spielt und sie beschnuppert ist sie glücklich und gähnt sinnlich. Wir lieben das Frauchen von Bella, dem Dickerchen, die immer Leckerlis für alle einstecken hat. Wenn das Rudel die

Beiden kommen sieht, stürmen alle zu ihnen hin, ohne Rücksicht auf die Kleinen, drängeln wir uns zur Futterquelle. Das Dickerchen und die kleine Jacky suchen hinter dem gutmütigen Frauchen Schutz. Jacky hat mir ihr Geheimnis verraten. Sie hat Angst vor den blaugrauen Augen von Artus und Heika. Ich habe sie beruhigt und ihr erklärt, dass die Augenfarbe der Huskys wie unsere braunen Augen, keine Gefahr bedeuten. Ab und zu kommt eine Kammersängerin mit einem kleinen Chihuahua Hündchen in den Großen Garten, sie sitzt meistens auf einer Bank auf der Herkulesallee. Sia, mein Schwarm, die viel weiß, erzählte uns, dass die Sängerin ihr Hündchen abends mit in die Semperoper nimmt. Es darf dann hinter der Bühne, in einem Körbchen warten, bis das Frauchen ihre Arien gesungen hat. Für ihre zarten Hundeohren ist die Musik, wenn auch schön, sehr laut. Die Kleine geht früh auf ein Katzenklo, weil das Frauchen nach der anstrengenden Arbeit in der Oper ausschläft. Um dann wieder mit Gesangsübungen und Rollenstudium den Tag zu verbringen. Wir Normalos können uns so ein Hundeleben nicht vorstellen. Die Hündin Conny war von Sias Bericht total beeindruckt, sie hätte gern einmal ein Katzenklo benutzt. Wie sollte sie ihr Herrchen davon in Kenntnis setzen, eine derartige Anschaffung zu tätigen? Sias Bericht sprach sich von Hund zu Hund in Dresden rum und wurde Tagesgespräch Nummer eins. Damit war sie wieder einmal Mittelpunkt und Hundestar. Außer der Genannten habe ich noch viele andere Hundefreunde, darunter Cockerspaniel, Irish Setter, Mops und Mischrassen. Ich kann mir nicht alle Namen meiner Bekannten merken, weil ich ja auch schon in die Hundejahre gekommen bin.

Das muss ich noch erzählen. Neben Sia verehre ich noch Bessi, eine nette Dalmatinerhündin.

Ich habe schon gemerkt, dass Bessi für Sia ein Dorn im Auge ist. Sia zeigt das erste Mal Gefühle. Sie ist eifersüchtig und hat Bessi angeknurrt, als diese mich beschnupperte und sich an meinem Rücken rieb. Ich habe Bessi vermisst und die anderen Hunde nach ihr gefragt. Artus konnte mir Auskunft geben. Er meinte schelmisch, Bessi hat geworfen. So, so, vielleicht weiß er mehr, ist er gar der Vater der Welpen? Er erklärte mir, sehr ernst in seinem Gehabe, dass Bessi sich jetzt um die Kleinen kümmern muss.

Er habe bemerkt, dass Bessi eine gute Mutter sei und die Wurfkiste umsorgt. Den kleinen Willy, ein West Highland White Terrier, der sich vor uns großen Hunden immer hinter den Bäumen versteckte, habe ich auch vermisst. Tief betroffen hörte ich, dass Willy in seinem 17. Lebensjahr, gestorben ist. Ich höre ihn noch, über sein Herrchen und seinen Katzenfreund reden. Dankbar war ich ihm, dass er mir seine Lebensgeschichte erzählt hat. Die Geschichte über eine ungewöhnliche Tierfreundschaft werde ich Euch nicht vorenthalten Doof ist beim Herumtollen, wenn plötzlich die Parkwächter kommen und unsere Halter uns umgehend anleinen müssen. In Begleitung der

Parkwächter sind meist zwei Diensthunde, die für Ordnung und Sicherheit sorgen müssen. Gern würde ich mich einmal mit den beiden, ein Schäferhund und Schnauzer unterhalten, um Erinnerungen an die alten Zeiten auszutauschen, wo ich noch ein Diensthund war. Von ihnen würde ich sicher aus erster Hand erfahren, was ihre Hundeführer über uns Freizeithunde und Halter, so denken. Die Zwei dürfen nicht mit uns rumtollen, gehen bei Fuß und wenden kaum einen Blick zur Seite. Nun habe ich genug geschwatzt, ich freue mich schon auf morgen. Da treffe ich Rex, Max und Sia. Vielleicht haben die Anderen, die noch einmal abends im Großen Garten waren, Neues zu berichten.

Jetzt lege ich mich auf meine bequeme Liege unter Herrchens Schreibtisch, lasse alle Viere gerade sein und denke an Koljas trauriges Schicksal. Kolja war ein Barsoi, der fasst alle Hunderennen gewann, bis ihm ein Hindernis im Wege stand. Mehr darüber erfahrt ihr in der folgenden Geschichte.

Gute Nacht, Euer Benno

Auf den Hund gekommen

von H. Winkler

Mein Mann überraschte mich eines Tages mit einer Annonce aus der Zeitung. „Schau mal, in Bad Lausig bieten sie kleine Barsoiwelpen zum Kauf an!"

Völlig konstatiert sah ich meinen Mann an und dann auf die Zeitung. Ich hatte mich noch nie für Hunde interessiert und konnte mit der Rasse Barsoi wenig anfangen. Mein Mann hingegen war mit einer Dogge und einem Terrier groß geworden und sehr tierlieb. Ich folgte dem Blick meines Mannes aus dem Fenster, da spielte unser neunjähriger Sohn ganz allein. Verstehend nickte ich meinem Mann zu, das war die Lösung für ein Einzelkind und der Start für ein gemeinsames Hobby. Mein Mann war kein Mensch der vielen Worte, gleich am nächsten Tag fuhr er mit einem Freund zu der Züchterin nach Bad Lausig. Am Abend hatte ich ein kleines Fellknäuel, unseren „Kolja vom Tresenwald", im Arm. Zu dieser Zeit gab es in der DDR kaum Hinweise auf Haltung und Pflege von Barsoihunden. Ich konnte mir diesem kleinen Sägebügel gar nicht so richtig erwachsen vorstellen. Wie zu erwarten, haben wir dann auch alles falsch gemacht, was es bei der Hundehaltung nur falsch zu machen gibt. Wir dachten, dass schon ein Babywindhund viel Auslauf braucht und liefen kilometerweit mit ihm durch die Landschaft. Bis wir von einer Züchterin für Greyhounds belehrt wurden, dass unser kleiner Liebling noch viel zu wenig Substanz und an den Gelenken noch dicke Wachstumsknoten hatte, die wir unbedingt schonen mussten. Über Umwege erhielten wir, aus dem nicht sozialistischen Ausland, Hinweise zur Haltung unseres Welpen.

Barsoi ist das russische Wort für flink. Dieser sehr schlanke, athletische Hund wurde von der Zarenfamilie und den Aristokraten für die Wolfsjagd eingesetzt. Später wurde er mit den langbeinigen Collies gekreuzt und 1842 der englischen Königin Viktoria geschenkt. Weil dieser Schlag rauhaariger weißfarbener Collies mit seinem eleganten Fang auffiel, wurde der Borsois ab 1889 als Statussymbol in die USA exportiert.

Unser Welpe wuchs und wuchs, bis er 60 cm hatte. Ein ausgewachsene Rüde erreicht eine Höhe von 73 cm. Kolja wurde aber nicht größer. Ich ging meinem Mann auf die Nerven, wie groß wird unser Kolja noch?

Wir fuhren zu der Züchterin und sahen dort die Schwester von Kolja, die 68 cm große wunderschöne Karina. Sie zwickte unseren Kolja aus Übermut gleich in den Po.

Kolja nutzte einen Moment der Unaufmerksamkeit seiner Schwester und klaute sich aus ihrem Futternapf einen Pansen, den die Züchterin eigens für ihre Hunde aus dem Schlachthof geholt hatte. So roh fraß unser Kolja die Pansen am liebsten. Weil es zu dieser Zeit in unserer Region noch kein Büchsenfutter gab, waren für uns der Schlachthof und andere diverse Fleischereien, die Knochen-Knorpel verkauften, der erste Anlaufpunkt.

Von der Züchterin, die unseren Kolja bewunderte, erfuhren wir, dass er unter seinen Wurfgeschwistern der Schwächste war.

Ich zweifelte das erste Mal an dem Hundesachverstand meines Mannes. Warum hatte er ausgerechnet den schwächsten Welpen ausgesucht?

Wir trieben unsere Vision voran, aus der Hundehaltung ein Familienhobby zu machen. Dazu meldeten wir unseren Kolja in der Sparte „Windhundrennen" an, um Kolja den nötigen Auslauf zu gewähren. Wir konnten es kam erwarten, Kolja mit auf den Sportplatz zu nehmen, um mit ihm das Rennen zu trainieren. Zuerst endete dieser Vorsatz mit einem Fiasko. Kolja war zu diesem Zeitpunkt viel zu zart und zu schwach, um es mit den anderen, ausgewachsenen und trainierten Hunden aufzunehmen. Der erste Winter, den Kolja miterlebte, war mit 14 – 17 Grad minus viel zu kalt, sodass sogar seine Picherstange am Picher als Eiszapfen an ihm herunterhing. Wir galten in dem Dorf die Betreiber eines Ausflugslokales als Exoten, die sich einen Luxushund hielten. Die einheimischen Hunde wurden in den Gehöften in Zwingern als Wachhunde gehalten. So hatte unser acht Monate alter Kolja wenig Gelegenheit mit anderen Hunden im angrenzenden Wald herumzutollen. Weil die Bauern unseren Hund als unnütz einstuften, nahmen sie wenig Anteil an der Situation, dass ein Ausreißer, der Gattung Riesenschnauzer, unseren Kolja völlig in den Boden stampfte. Unser neunjähriger Sohn, völlig überfordert von dieser Attacke, kam weinend nach Hause und führte Kolja total verstört, mit blutunterlaufenen Augen ins Wohnzimmer. Kolja verkroch sich zwei Tage in die äußerste Sofaecke und wollte, trotz guten Zuredens, zwei Tage nicht mehr das Haus verlassen. Dann ließ er sich eine neue Strategie einfallen, Kolja begann bei jeder Begegnung mit einem anderen Hund laut zu bellen und fletscht seine Zähne.

Einige Monate später machten wir noch einmal einen Anlauf und fuhren mit Kolja auf den Trainingsplatz. Uns war das erste Mal Koljas Kläfferei peinlich. So verbrachte Kolja die meiste Zeit im Auto, um sich vor dem Rennen nicht schon mit seinen Hysterieanfällig fertig zu machen. Ich hatte noch Hoffnung, dass mein Liebling eines Tages „Gut und Böse" unterscheiden lernt.

In der Regel rannten Rüden und Hündinnen getrennt. Auf dem Sportplatz trafen wir Halter aus Leipzig, Chemnitz, Berlin und Magdeburg. In jeder Stadt fand einmal ein Rennen statt, sodass wir Dresdner des Öfteren in eine andere

Stadt zum Rennen eingeladen wurden. Zu Beginn war Kolja als Rüde viel zu zart und zu klein. Das hatte den Vorteil, dass er sehr flach am Boden lag und sehr scharf um die Kurven lief. So erreichte Kolja meist als Erster das Ziel. Nicht nur für Kolja, sondern auch für unsere Familie waren die Hunderennen in der ČSSR, in Most, mit Unterkunft auf einem Campingplatz in wunderschönen kleinen Holzhäusern, eine besondere Abwechslung. Dort teilten sich immer zwei Familien ein Holzhäuschen. Kolja wusste sehr wohl, welchen Hund er riechen konnte und so entstand eine sehr schöne Hunde-Halter-Freundschaft. Kolja, der große Barsoi, liebte einen kleinen Wippet. Der dazugehörige Halter war der Professor Soundso. Und so kletterten wir, die Haltereltern auf die oberen Doppelstockbetten, damit unsere Vierbeiner es sich in den Unterbetten bequem machen konnten. Wir waren sehr daran interessiert, dass unsere Lieblinge gut ausgeruht am nächsten Tag zum Rennen erschienen.

Weil Kolja sein Bellen noch nicht abgelegt hatte, mussten wir ihn vor dem Rennen wieder ins Auto sperren. Zu dieser Zeit fuhren wir noch einen Contergan-Wolga, also einen Saporoshez.

Wir wollten uns eine Fahrt mit dem Zug nicht antun, deshalb nahmen wir das kleine Auto in Kauf, denn auf einen Trabant oder Wartburg musste der gemeine DDR-Bürger zwölf bis 14 Jahre warten. Kolja beobachtete vom Auto aus das Rennen der Wippets, Salukis, Gryhouds und Afghanen. In seinem Schmerz, ausgesperrt zu sein, begann er die hintere Sitzbank des Autos systematisch zu zerfetzen. Als er aus seiner misslichen Lage von meinem Mann befreit wurde, hatte Kolja einen riesigen Durst und damit einen viel zu vollen Bauch, um ans Rennen zu denken. Trotzdem, zum Entsetzen unserer tschechischen Gastgeber, wurde Kolja wieder der Erste. Vor Aufregung, musste ich das kaputte Auto und dann den unerwarteten Sieg verkraften, zog es mich, einem Inneren Bedürfnis Aufmerksamkeit zollend, auf das Häusel (WC).

Noch völlig außer Atem, stand ich plötzlich mit Kolja auf dem Siegertreppchen. Wie es so bei großen internationalen Sportveranstaltungen Sitte ist, erklang aus dem Lautsprecher die Nationalhymne der DDR. Ich konnte meine Gefühle und Tränen nicht verbergen und hielt mich krampfhaft an Koljas Leine fest.

In Gedanken sah ich meinen Sohn, der leider nicht mitfahren konnte, weil die Einreisebestimmungen nur zwei Personen den Grenzübertritt erlaubten.

Nach dem Rennen fuhren wir im Konvoi wieder in westlicher Richtung zur Grenze in die DDR. Die Zollbeamten sahen schon von weitem die Siegerfähnchen und Satteldecken unserer Vierbeiner. Wen wundert es dann, dass sie uns ohne Kontrolle vorbeiwinkten.

Beim nächsten Start in der ČSSR hatten sich die schlitzohrigen Veranstalter eine neue Variante für unseren flinken Kolja ausgedacht.

Dieses Mal startete er in der Sparte „Feminin". Das war ein gemischter Lauf von leichtgewichtigen Rüden und Hündinnen. Kolja musste mit einem Rüden und zwei Hündinnen starten.

Er wurde Zweiter.

Bei einem Rennen in Leipzig-Engelsdorf hatte Kolja nicht so viel Glück. Kolja hatte die Angewohnheit, sehr straff am Netz um die Kurve zu rennen. Dabei streifte er einen zu flach in den Boden gerammten Haltestab. Kolja blieb mit seinem Maulkorb am Haken hängen. Er überschlug sich und blieb liegen, der herbeigerufene Tierarzt stellte einen Kreuzbänderriss fest. Für einen Zweibeiner kein Beinbruch, er muss sich lediglich schonen. Für einen Vierbeiner bedeutete das große Schmerzen und eine OP. Betroffen fuhren wir nach Berlin in die Tier - Charité, wo Kolja operiert werden musste. Sie behielten Kolja da, uns blieb nur noch übrig, täglich nachzufragen, wie es unserem Hund geht. Am vierten Tag erhielten wir von der Charité einen Anruf; „Holen Sie ihren Hund ab, er macht unter sich, ist total aufgelegen und verweigert sein Futter. Wir können für diesen Hund keine Verantwortung mehr übernehmen!"

Wir fuhren von Dresden nach Berlin, um unseren kranken Spatz nach Hause zu holen. Mir zog es das Herz zusammen, als ich den Arzt mit Kolja auf dem Arm, das erste Mal wieder sah. An seiner Hüfte bemerkte ich Stellen, wo das blanke Fleisch zu sehen war, das Hinterbein war vergipst und sein Blick völlig abwesend. Was hatten wir diesem Hund mit unserem Hobby und der Besessenheit, beim Windhunderennen zu siegen, nur angetan?

Mein Mann trug Kolja zum Auto. Hier gab ich ihm erst einmal Wasser und die von mir zubereiteten Herzstücke zu fressen. Immer wieder streichelte ich meinen armen Liebling, dabei fielen meine Tränen auf sein weiches Fell. Zuerst fuhren wir auf die Elbwiesen, damit Kolja sein Geschäft machen konnte. Danach trugen wir ihn in den vierten Stock zu unserer Wohnung. Koljas großes Gewicht wurde dabei meinem Mann zum Verhängnis, denn der Hund ließ sich nicht so einfach auf dem Arm tragen. So nahm mein Mann Kolja auf die Schultern und trug ihn, so wie man früher einen Sack Kohlen in den Keller getragen hat. Wir legten Kolja sofort auf unser Ehebett und vernahmen ein erlösendes Stöhnen. Bevor Kolja einschlief, sah er uns dankbar an, als wolle er sagen, nur bei euch kann ich wieder richtig gesund werden. Diese Prozedur wurde, neben unserer Arbeit, zu unserem neuen Lebensinhalt. Nachdem die Wunden verheilt und der Gips abgenommen war, schleifte Kolja sein operiertes Bein nach. Er war auf Alles trainiert, was sich bewegte. Kolja wollte und konnte nicht verstehen, warum er nicht mehr herumrennen durfte. Wir schwitzten jedes Mal Angst, im hohen Gras einem Pudel oder Shelti zu begegnen. Zweimal mussten wir in dieser Zeit unsere Hundehaftpflicht bemühen, weil Kolja einer Frau die Bluse aufgeschlitzt hatte und einem Shelti ans Fell wollte. Für Kolja waren das lediglich Jagdobjekte. Ihn machte es schon buschig, wenn er die Sirene eines Krankenwagens hörte.

Wir beobachteten, dass sich im Winter die Sehnen des verletzten Beines zusammenzogen. Die Spuren im Schnee machten das sehr deutlich. Im Sommer dagegen waren die Sehnen durch die Wärme wie ausgeleiert, Kolja hatte kaum noch einen Halt. In dieser Zeit zeigte Kolja, dass er mir für meine Hilfe sehr dankbar war, er liebte mich abgöttisch. Was in der Regel meinem Mann, den Kolja als Alphatier anerkannt hatte, eher zustand. Wir hatten beide einen Charakterzug, wir waren große Sensibelchen. Wenn ich weinte, tröstete mich mein vierbeiniger Freund. War ich mit meiner Umwelt zufrieden und begann beim Gassigehen ein Lied vor mich hin zu summen, tänzelte Kolja glücklich um mich herum. Ich war die Einzige, die ihn am Kopf kraulen durfte und er verstand meine Gesten zu deuten. Wenn es nicht zu umgehen war und ich beim Einkaufen Kolja alleine zu Hause lassen musste, zog er sich auf sein Hundesofa zurück und wartete artig auf meine Rückkehr. In der frühen Nachmittagsstunde lief Kolja unruhig zum Balkonfenster, er wusste genau, dass zu dieser Zeit mein Sohn aus der Schule kam. Er war ein Gegner des DDR-Fernsehens, viel lieber sah er es, dass ich stattdessen meine ganze Aufmerksamkeit ihm schenkte. Kolja war in meinen Augen ein Mäuserich, schon eher ein klauender Rabe. Seine Größe und spitze Schnauze erlaubten es ihm, alles zu erreichen. So klaute er mir einen Camembert, die Verpackung fand ich später, fein säuberlich abgelegt, auf dem Hundesofa. Ein halb fertig gebratenes Beafstek holte er sich aus der Pfanne. Den Diebstahl eines Schweine-Koteletts mit Knochen entdeckte ich, weil er es auf den Elbwiesen erbrach. Mit seinem Klauen sorgte Kolja für einige Verwirrung.

Im Winter trugen zu seiner Zeit die Damen Wollmützen, die, um höher zu wirken, mit Haarteilen ausgefüllt wurden. So eine moderne Dame besuchte uns einmal.

Wir wunderten uns über Koljas großen Appetit auf seinem Hundesofa. Beim näheren Hinsehen konnten wir nur noch ahnen, dass er das Haarteil völlig zerkaut hatte, denn davon war nur noch eine breiige Masse übrig. Oh, war das peinlich!

Bei Freunden mit einem Garten, damals eine Datsche, waren wir mit Kolja gern gesehene Gäste. Bis Folgendes passierte: Kolja mochte keine hohen Töne, das brachte ihn immer zum Heulen – so wie ein Wolf. Unsere Gastgeber hatten ein kleines Kosmos-Radio ständigen in Betrieb, das Kolja gar nicht begeisterte. Nachdem wir von unserer Gesprächsrunde aufsahen, merkten wir, dass etwas anders war. Ja, es war plötzlich sehr still. Kolja hatte sich das Radio geschnappt dieses in einem Beet vergraben, dessen Erde er mit seiner Schnauze wieder ordnete. Später haben sie das Radio dann mal gefunden.

Jahre vergingen. Wir übernahmen ein Ferienheim und Kolja bekam einen Hundezwinger im Grünen zu ebener Erde. Die Feriengäste bewunderten unseren Kolja und sein wunderschönes Fell. Unser Sohn war inzwischen erwachsen geworden und ausgezogen. Wir fühlten uns alle sehr wohl. Da passierte eine

Panne. Gerade zu der Zeit, als ich eine goldene Hochzeit für 60 Personen vorbereiten musste. Kolja schlummerte friedlich auf seinem Hundesofa. Vor seinem Lager lag ein Läufer, worauf er sich den Sand von seinen Pfoten abtreten konnte. Ich setzte mich zu Kolja auf das Sofa, um meine Schuhe besser anziehen zu können. Dabei bemerkte ich nicht, dass ich mich auf Koljas Schwanz gesetzt hatte. Der Hund schreckte aus seinem Tiefschlaf hoch, auch ich stand zu plötzlich auf, rutschte auf dem Läufer aus und fiel auf Kolja, der ausgiebig gähnte und mein Gesicht landete in seinen Fangzähnen. Kolja konnte nicht begreifen, was soeben geschehen war, er verstand auch nicht, warum ich deshalb 14 Tage nicht bei ihm war. Ein Professor der Gesichtschirurgie musste mich zusammenflicken. Er nahm mir das Versprechen ab, Kolja dafür nicht zu bestrafen, es war ein unglückliches Zusammentreffen.

Kolja begrüßte mich nach meiner Rückkehr herzlich, er war sich keiner Schuld bewusst. Er rannte vor Freude um mich herum und machte vor Aufregung gleich einen Kaktus auf den Teppich, zu meinen Füßen. In mir steckte noch die Angst. Eine Angst mit meinem Hund allein zu sein. Eines Abends, ich war mit

Geschäftsunterlagen beschäftigt, legte Kolja mir seine Pfoten auf die Schenkel und sah mich mit einem herzerweichenden Blick so an, als wolle er sagen; „Bitte, sei doch wieder lieb zu mir!" Damit war zwischen uns alles wieder beim Alten.

Kolja liebte es Rinderknochen mit seiner spitzen Schnauze auszupulen. Aus Versehen stülpte er einen ausgehöhlten Knochen so über seine Fangzähne, dass dieser nicht mehr herauskam. Ich bemerkte sein Ungemach erst, als er unruhig hin und herlief. Ihm war es nicht möglich sein Maul zu schließen noch Wasser zu trinken. Der Tierarzt konnte ihm in dieser Stellung auch nicht helfen, sondern nur eine Betäubungsspritze verabreichen. Die Betäubung schlug erst ins Gegenteil um, Kolja benahm sich wie ein wilder Löwe. Unser Sohn, Koljas bester Freund, eilte ihm zu Hilfe. Er band Kolja am Gartenzaun fest. Mit Hilfe eines Besenstieles, mit dem er den Knochen in der Schnauze bewegte, gelang es ihm, den Knochen über die Fangzähne zu heben. Nach getaner Arbeit bemerkte unser Stammhalter; "Was rein geht, geht auch wieder raus!" So war Kolja seine ungewollte Maulfessel los. Er schlief zwei Tage seinen Frust aus.

Inzwischen war Kolja 13 Jahre alt. Seine Backenzähne mussten gezogen werden, dabei bemerkte der Tierarzt einen harten Knoten unter der Analdrüse, der ganz schnell zu wachsen schien. Ich musste ihn nach jedem großem Geschäft säubern und ihm helfen, die fünf Stufen, in unsere Wohnung zu überwinden. Meist lag Kolja in seinem Käfig. Koljas Augen wurden immer trauriger. Auf Anraten des Tierarztes und meines Sohnes, entschieden wir uns Koljas Leiden zu beenden. Ich legte mich zu Kolja auf das Hundesofa und erzählte ihm unter Tränen, dass ich ihn ganz lieb habe und es nicht länger ertragen kann, dass er so große Schmerzen hat. Ich habe ihn gestreichelte, als er die ihn von seinem Leiden erlösende Spritze bekam. Ich bin so lange liegen geblieben, bis sein Herz aufgehört hatte zu schlagen und mein kleiner Liebling ohne Schmerzen, in den Hundehimmel eingegangen ist.

Eine ungewöhnliche Tierfreundschaft

von H. Winkler

„Wie Hund und Katze sein!", das ist ein menschliches Vorurteil.

Es ist richtig, dass Hunde und Katzen von völlig unterschiedlichen Vorfahren stammen. Hunde entwickeln zu ihrem Haltern eine enge Sozialbeziehung, Katzen sind Einzelgänger und Individualisten. Beide Tierarten kennen ihre Fähigkeiten und Grenzen sehr genau und respektieren diese im gegenseitigen Umgang. Katzen können sehr genau friedvolle, von gefährlichen Hunden unterscheiden. Gern sehen Katzen von ihrem sicheren Fensterplatz, ohne auf sich aufmerksam zu machen, spielenden und flanierenden Hunden zu. Wachsen Hunde und Katzen gemeinsam auf, gibt es keine Probleme. Sie entwickeln sehr früh ein Vertrauensverhältnis, die wichtigste Voraussetzung für ein einvernehmliches Miteinander.

In Notsituationen kommt es häufig vor, dass völlig fremde Hunde und Katzen sich beistehen und gemeinsam in Containern nach Futter suchen. Ist die Notsituation nicht mehr gegeben, gehen sie sich wieder aus dem Weg.

Auf dem Lande werden junge Hunde und junge Katzen gemeinsam aufgezogen. Max und Willy sind ein Beweis dafür, dass sich Hund und Katze auch in der Großstadt ergänzen und verstehen. Lassen wir sie doch einfach mal ihre Geschichte selbst erzählen.

 Sie gestatten, mein Name ist Max. Ich bin ein stattlicher schwarzer Kater mit weiß gefleckten Pfoten.

Bei meinem Frauchen habe ich ein sehr gutes Katzenleben.

Wo, wollt Ihr wissen, in einem Grundstück mit wunderschönen Gartenanlagen. Mit meinen Katzenbekanntschaften kann ich auf Raunze gehen, herrlich auf Türpfosten klettern sowie Mäuse und Ratten fangen.

Das erste Horrorerlebnis, war eine Blechlawine, die auf mich zuraste und überrollte. Nach dem ersten Schrecken das Zweite. Mein liebes Frauchen lief aufgeregt zu einem Weißkittel, der mich quälte und dafür noch sehr viel Geld verlangte. Zuerst bekam ich eine Spritze, dann lag ich völlig apathisch auf einer komisch glänzenden Stahlplatte und ließ mich operieren. Mein Frauchen, so eine richtig gute Seele, hat mich mit leisen Worten getröstet und gestreichelt. Überhaupt macht sich die Gute immer Sorgen um mich. Vor allem, wenn ich schon das kleinste Wehwehchen habe, ist für sie der erste Gedanke, der Weißkittel. Für mich seit der Blechlawine ein Horrortrip, deshalb bin ich lieber vorsichtig. Vor kurzem konnte ich nicht verhindern, mit ihr zum Röntgen zu gehen. Wie sollte ich ihr nur klarmachen, dass mein Hinken von einem Kampf mit einem Rivalen - wir verehrten das gleiche Kätzchen- herrührte und schnell vergessen sein würde. Sie ist eben ein Seelchen, mein Frauchen. Der Weißkittel hat wohl wissend mein Frauchen über meine kranke Pfote aufgeklärt. Wie ich schon sagte, alles ist ganz schnell wieder verheilt.

Aber was schwatze ich hier, ich wollte doch etwas ganz anderes loswerden. So muss ich mich ganz einfach mal über unsere Nachbarn auslassen, die ich oft heimsuche. Gut über die Leute redet man als gut erzogener Kater nicht. Da könnte ich Dinge erzählen, aber der Kavalier schweigt und genießt. Ich für mein Teil faulenze gern bei Sturm und Regen in ihren Pavillons und Hollywoodschaukeln.

Zum Schlafen besuche ich sehr gern, durch das geöffnete Fenster die Wohnung der netten Frau, zwei Türen weiter. Sie ist sehr lieb zu mir. Verständlich, sie hatte früher auch einen Kater. Am liebsten bin ich jedoch bei meinem Nachbarn. Einem lustigen Zausel, der mich liebevoll grault, auch kann ich da gut faulenzen. Von ihm bekomme ich Fresschen und Streicheleinheiten, wenn mein Frauchen für einige Tage wegfährt.

Das Größte in meinem Katzendasein ist die Freundschaft mit Willy. Einem Hund, dazu noch ein Westi, Ihr wisst schon, wie auf der Cäsar Werbung. Diese Freundschaft habe ich nur meinem Nachbarn zu verdanken. Ihr werdet denken - Hund und Katze – echt irre. Glaubt mir, so etwas schafft nur mein liebenswerter Nachbar. Die Kennenlernphase dauerte fünf Stunden, verbunden mit totalem Horror und Stress. Sinn der Übung war, Willys Herrchen wollte sich als Filmproduzent versuchen und das mit uns als Protagonisten.

Ich kann Euch verraten, dass Willys Herrchen nicht zum Filmen gekommen ist. Dabei bin ich mir sicher, dass diese Einmaligkeit unseres Kennenlernens sehenswert gewesen wäre. Unsere Rangelei war ganz einfach toll. Zum

Glück hatte Zausel meinen Kratzbaum in seine Stube geholt, von dem ich, oben in Sicherheit sitzend, tüchtig mit den Pfoten nach unten schlagen und bedrohlich gegen den fremden Hund maunzen konnte. Dieser Eindringling, eigentlich war ich der Gast, bellte, tobte und jaulte nur, bis wir Beide vor Erschöpfung nur noch klägliche Laute von uns gaben. Mitternacht gaben wir unsere gegenseitigen Aversionen auf und haben uns das Sofa des alten Zausels als Schlafstätte geteilt.

Damit begann eine schöne Freundschaft zwischen mir, Max dem Kater und Willi, dem Hund. Wir hatten eine herrliche Zeit, fraßen und spielten miteinander, so wie es gesunde Tierkinder nun einmal tun. Wir hatten viel Auslauf und verständnisvolle Tierhalter. Obwohl wir inzwischen ausgewachsene Tiere sind, ist Willy immer noch mein Freund.

Natürlich verteidigt jeder sein Revier, akzeptiert und beschützt sein Rudel, da gibt es keine Abstriche, soviel muss eine richtige Freundschaft schon aushalten. Nun verrate ich Euch mal etwas Intimes, als kastrierter Kater habe ich nicht so viel Kummer mit Liebesbeziehungen, aber Willy leidet sehr darunter, wenn in seinem Revier eine Hündin heiß wird.

Mir überlässt er die bequemsten Plätze im Garten und Zausels Wohnung, doch beim Fressenfassen kennt er keine Kompromisse, das soll er Euch doch gleich selbst mal sagen.

Hey, ich bin Willy!

Laut Stammbaum heiße ich "John von der Sechserschlucht", selbstredend bin ich natürlich der schönste Hund in Alt - Gruna.

Ich bin mir auch sicher, dass ich bei allen Zweibeinern mit meiner ausgeprägten Mimik und netten Art Eindruck schinde.

Mein Rudeloberhaupt, den Max mit Zausel tituliert, ermahnt mich, wenn ich meine gute Herkunft vergesse und stellt mir immer wieder neue schwierige Aufgaben. Er will damit erreichen, dass ich meinen Geist trainiere und Faulheit gar nicht erst aufkommt. Zu seiner Verteidigung muss ich sagen, mein Zweibeiner ist immer für mich da, teilt alle ihm zur Verfügung stehende freie Zeit mit mir.

Ihm verdanke ich ein erfülltes und abwechslungsreiches Hundeleben.

Nachdem wir uns das erste Mal begegnet sind, habe ich sofort gespürt, das ist der Richtige und habe mich leise winselnd an ihn geschmiegt. Meine Wurfgeschwister haben mich um ihn beneidet. Wir spürten sofort, das ist ein Zweibeiner mit einem großen Herz und einer wunderbaren Seele für Tiere. Ich warf ihm im ersten Moment unserer Begegnung einen koketten und treuen Blick zu, er konnte nicht anders, als sich für mich zu entscheiden. Mein Herrchen ist für meine Begriffe ein ausgesprochen guter Radfahrer. Er befestigte ein Körbchen für mich auf dem Gepäckträger und Heidiwitzka ging die Fahrt schon los. Er nimmt mich fast überall mit hin.

Viel Spaß bereiten mir die Ausflüge an die Elbe, natürlich zu meinen Freunden in den Großen Garten. Mit dem Auto sind wir in die Sächsische Schweiz gefahren. Natürlich habe ich zu meiner Sicherheit hinten gesessen, denn neben meinem Herrchen sitzt selbstverständlich mein Frauchen. Ich vergöttere sie, vor allem ihre zärtlichen Streicheleinheiten kann ich kaum erwarten. Ab und zu ärgere ich meinen Zweibeiner, denn ich habe nicht immer Lust, den blöden Stöckchen oder einem Ball hinterher zu rennen, wenn es doch an den Wiesenrändern so viel zu erschnüffeln gibt. Ich lese die Spuren wie die Zweibeiner eine Tageszeitung und ohne die neuesten Nachrichten kann doch kein gesitteter Hund leben, oder? Vor allem finde ich es blöd, wenn mein Herrchen anderen Leuten zeigen will, was ich schon alles kann. Ich bin doch kein Profischauspieler, das überlasse ich doch lieber dem Zeitungshund, der bei uns als affektiert angesehen wird und in so einem Ruf möchte ich bei meinen Hundebekanntschaften nicht stehen. Wenn mich mein Herrchen aus dem Körbchen nimmt, darf ich ohne Leine nach Herzenslust schnüffeln. Er hat mich sogar als Welpe mit in die Tonne genommen. Das war immer sehr lustig, die Zweibeiner haben sich da so albern benommen. Sie haben gesungen, gelacht und komische Verrenkungen gemacht. Wenn die Jazz- und Dixieland Musik für meine zarten Ohren etwas zu laut wurde, habe ich mich nach unten verkrochen. Wenn mein Herrchen nach Hause gehen wollte, versteckte ich mich, weil es mir hier bei den lustigen Zweibeinern sehr gut gefallen hat, was mein Herrchen kaum glauben konnte.

Ich liebe viele Menschen um mich herum, deshalb freue ich mich immer über Besuch, ganz besonders gern gehe ich zu Theaterproben meines Frauchens mit. Da sitze ich unter den Stühlen oder Bänken und verfolge alles sehr aufmerksam. Stressig wird es, wenn das Herrchen auch mitkommt, er ermahnt mich immer und passt besonders gut auf mich auf, damit ich nichts anstelle. Aber dafür habe ich ja gar keine Zeit, ich muss doch auf mein Frauchen aufpassen, damit ihr nichts unrechtes geschieht. So viel Aufregendes erlebt mein Freund Max nicht. Katzen gehen selten an der Leine, fahren nicht im Körbchen auf dem Fahrrad spazieren und die Partys in der Tonne oder Theaterproben sind für sie tabu. Natürlich erzähle ich meine Erlebnisse sofort meinem Freund Max, so ist er immer nahe dran. Dafür hat Max ein starkes Imponiergehabe, wenn er hoch auf die Bäume klettert und frech nach unter glotzt, fühlt er sich mir gegenüber als der Größte. Er schläft tagsüber sehr viel. Abends, wenn es dämmert, begleitet er mich oft beim Gassigehen. Im Vertrauen, Max nimmt sich sehr viel raus. Er belegt immer die besten Plätze im Garten. Wenn ich ihn zum Spielen auffordere, gähnt er träge und liegt nur faul herum.

Völlig ungehemmt schleicht er durch andere Gärten und springt über Zäune. Das tue ich selbstverständlich nicht, dafür darf ich im Auto mitfahren. Das nenne ich ausgleichende Gerechtigkeit. Für mein Herrchen bin ich beim Autofahren eine wahre Hilfe sobald die Ampel auf Grün springt, gebe ich Zeichen. Ihr meint, Hunde können nicht farbig sehen, das ist richtig, das muss aber mein Herrchen nicht wissen. Ich achte auf die Geräusche und weiß, wenn es still auf der anderen Seite wird, dass wir dann weiterfahren können. Das ist jahrelange Selbstsuggestion. Ich weiß auch ganz genau, was mein Boss so vor hat und wenn es hinausgeht. Als junger Hund stand ich immer viel zu früh an der Tür und musste warten, bis mein Herrchen seine Utensilien zusammengesucht hatte, aber nach den sieben Jahren, die ich nun schon mit meinem Herrchen verbringen durfte, kenne ich all seine Gewohnheiten, Bewegungen, Geräusche und Tagesabläufe. Ich weiß genau, nachdem er die Schuhe geputzt und angezogen hat, nimmt er die Schlüssel und dann geht es aber los. Damit er mich nicht vergisst, stelle ich mich ihm in den Weg. Jedoch vor der Tür gebe ich den Ton an, setze mein Markenzeichen an Gräser und Bäume, erschnüffle, welche

Hundedame an mir Interesse hat und welche Rivalen in mein Revier eingedrungen sind. Im Großen Garten begegne ich vielen Hunderudeln. Die Kleinsten sind dabei meist die Lautesten, sie verbellen alles dreist. Ich habe dafür nur ein erhabenes Knurren übrig. Um die größeren Hunderassen mache ich lieber einen Bogen. Ich muss noch einmal sagen, mit meinem Zweibeiner, der eine Gefahr schon ahnt, bin ich immer gut behütet – er ist für mich das beste Herrchen der Welt.

Er kümmert sich höchstpersönlich, um meine Fellpflege und trimmt mich, wenn mein Haarkleid zu üppig wächst. Diese Prozedur kann Stunden, manchmal auch Tage dauern, was denkt Ihr denn schon wieder. Ich bin ein sehr geduldiger Hund, lasse alles ohne Murren über mich ergehen. Wenn es mal kneift schaue ich mein Herrchen herausfordernd an, und sage mir- mach keinen Scheiß und komme endlich mal zum Ende. Ich halte aber tapfer bis zum Schluss durch, ich weiß ja, dann bin ich wieder der Schönste. Bald hätte ich vergessen, vom Hotel zu berichten. Da hat mein Herrchen Dienst. Nachts darf ich meistens mit und werde der Funktion eines Haushundes gerecht. Ich jage ungebetene Katzen vom Grundstück.

Wenn neue Gäste anreisen, gebe ich Laut und ich weiß ganz genau, welcher Gast seinen Duft an der Rezeption hinterlassen hat und das Hotel betreten darf. Zur Belohnung bekomme ich früh von der Chefin ein Leckerli. Dann schlendern wir gemeinsam nach Hause und wir holen den Nachtschlaf nach. Mittags verwöhnt uns das Frauchen mit einem leckeren Mittagessen, danach macht das Gassigehen doppelt so viel Spaß. Es kam schon vor, dass ich mittags von dem vielen Wachehalten noch so müde war, dass ich keine Lust zum Aufstehen hatte. Ab und zu muss auch bei mir mal Unterbodenpflege sein. Dazu verfrachtet mich mein Frauchen in die Badewanne. Hinterher werde ich vom Herrchen geföhnt. Der Föhn ist laut, aber ich erdulde die Prozedur, um mich nicht zu erkälten, der Stress mit den Weißkitteln ist größer. Vor einigen Tagen haben meine Zweibeiner im Garten mächtig gegraben. Da war nichts mit Fahrradfahren, ich glaubte schon, sie haben mich vergessen. Ich sah in ein tiefes Loch. Vor Begeisterung war Max sofort hineingesprungen. Dann schepperte es, Herrchen karrte eine große Regentonne heran, Max konnte gerade noch rechtzeitig mit einem gewagten Sprung aus der Grube Reißaus nehmen.

Das Größte, ich war mit dem Boss in der Stadt, auf der Prager Straße. Einer Einkaufsmeile, wo die Zweibeiner hastig durcheinander laufen und hinter großen hellen Türen verschwinden. Ich sah einen Kumpel und durfte nicht zu ihm, dabei habe ich mich, das gebe ich zu, rüpelhaft benommen. Dann kam eine Standpauke, mein Herrchen hat mich beim Kragen gepackt, seine Worte möchte ich lieber nicht wiedergeben. Ich klemmte die nächsten Minuten meinen Schwanz ein. Zu Hause bei Max an dem Wasserfass war der Vorfall bereits wieder vergessen. Aus langer Weile habe ich Max gejagt und aus Übermut sein Futter weg gefressen.

Wir bekamen Besuch, die Sippschaft meiner Zweibeiner mit Enkeltochter. Die Frauen sind mit der Parkeisenbahn gefahren. Mein Herrchen und ich im Körbchen fuhren mit dem Zug um die Wette. Natürlich waren wir an jedem Haltepunkt die Ersten und haben die Damen gebührend begrüßt. Es hat mich schon gereizt, auch einmal mit der Parkeisenbahn zu fahren, jedoch mein Herrchen alleinlassen, nein, das ging auf keinen Fall, wo er doch immer mit mir durch Dick und Dünn gegangen ist. Von der aufregenden Fahrt zurück, wollte die Kleine mit ihrem Opa Fußball spielen, das wurde mir doch zu viel. Einige Male flog der Ball haarscharf an mir vorbei, zu meiner Sicherheit habe ich mich in die Stube verzogen. Nach dem Besuch war ich mehr als geschafft.

Hatte ich Euch schon die Geschichte mit dem frechen Spatz erzählt?

Mein Herrchen kehrt im Großen Garten manchmal ein, um etwas zu trinken. Da bekomme ich von ihm immer Leckerli, meist sind es Frolik - Kringel, die er mir zuwirft und ich versuche sie zu fangen. Hat mir doch so ein Frechling von Spatz im Flug einen Kringel vor der Nase weggeschnappt und ist mit dem großen Brocken davongeflogen. Mir blieb das Maul vor Aufregung offen stehen.

Max schläft in der letzten Zeit tagsüber sehr viel auf dem Liegestuhl, den sein Frauchen unter ihr neues Vordach gestellt hat. Ich fühle mich von ihm vernachlässigt. Zudem geht es mir plötzlich sehr schlecht, ich habe keinen Appetit mehr, nicht einmal auf ein gekochtes Ei. Meine Lieblingsspeise habe ich nicht angerührt und das Gassigehen macht auch keinen Spaß mehr. Ich ahne Schlimmes. Hilfe gibt es nur beim Weißkittel, hat das Herrchen ein Machtwort gesprochen. Der Tierarzt tastete meinen Bauch ab, prüfte meine Schnauze, die Ohren und Augen. Dann verabreichte er mir eine Aufbauspritze. Ich war tapfer, weil Herrchen mich gestreichelt hat und ruhig auf mich einredete. Abends war alles vergessen, ich hätte Bäume ausreißen können. Deshalb durfte ich mit in den Großen Garten zur Freilichtbühne, wo die Puhdys ein Konzert gaben. Vor Begeisterung habe ich an die Vorratstüte meines Herrchens gepinkelt, da setzte es warme Ohren, weil ich das schon einmal getan hatte.

Das war vor langer Zeit an der Elbe auf dem Flohmarkt. Ich vergesse sehr schnell, aber mein Zweibeiner hat ein gutes Gedächtnis. Der versteht meine gute Absicht nicht, ich wollte doch nur mein Revier markieren. Bei den vielen Zweibeinern in der Freilichtbühne muss man am Geruch erkennen, was einem gehört, ich bin da sehr gewissenhaft. Mein Herrchen vergaß sehr schnell seinen Groll auf mich, als „Alt wie ein Baum" und die „Rockerrente" ihn in die Realität zurückversetzten. Ich bekam sogar als Belohnung einen Frolic - Kringel und rhythmische Streicheleinheiten. Am Abend habe ich Max brühwarm meine Erlebnisse berichtet. Wir fraßen zusammen aus einem Napf, tollten herum und ließen danach alle Viere gerade sein.

Wir Beide sind unseren Haltern sehr dankbar für dieses schöne Leben und möchten es noch sehr lange genießen. Für uns ist diese Welt in Ordnung.

Euer Willy

Im Hunderudel Alt - Gruna und im Großen Garten hatte sich herumgesprochen, dass der Kater Max im vergangenen Winter in den Katzenhimmel gekommen ist. Willy hat ihn lange gesucht und in Gedanken miauen hören, er war sehr traurig, wollte die erste Zeit keine Nahrung annehmen. Für Willy war die Zeit doppelt traurig, seine Zweibeiner haben sich getrennt. Das Herz von Willy sehnte sich nach seinem Frauchen, er wurde traurig und schwermütig. Sein Herrchen streichelte ihn zärtlich, seine Stimme war warm und mild, aber konsequent. Willy verstand die Zweibeiner nicht, aber Männer müssen nun mal zusammenhalten. Willy begrüßte sein Herrchen an dessen Geburtstag mit dem Schwanz wedelnd, auch wenn es ihm, dem betagten 17-Jährigen schon sehr schwer fiel.

Drei Tage später hatte er kaum noch die Kraft, allein in den Garten zu laufen. Sein Herrchen setzte ihn auf ein sonniges Plätzchen im Garten. Willy wusste genau, dass sein alter Zausel es nicht fertig bringen würde, ihn von seiner Altersschwäche zu erlösen, die ihm ja schon lange peinlich war. Nein, der Zausel würde es mit seinem Gewissen nicht vereinbaren können und so musste Willy es selbst in die Pfoten nehmen. Das war er seinem Herrchen schuldig, der für ihn immer da war und sein Hundeleben so angenehm wie möglich gestaltete. Willy sah in die Sonne. Eine kleine Wolke erschien am Himmel, sie formte sich zu einer liegenden Katze. Willy blinzelte, da bewegte sich das Wolkenkätzchen. Er hörte leises Miauen, sah vor seinen inneren Augen seinen Freund Max, der ihn aufforderte mitzukommen. Willy erhob sich, wankte zu dem Platz, wo sie sich immer gemeinsam vom Herumtollen ausgeruht hatten.

Er entfernte mit seiner Schnauze die Grasbatzen und baute sich eine kleine Kuhle. Danach kuschelte der betagte Hund sich in die Kuhle, dachte an sein liebes Herrchen, den Zausel, sein Frauchen und an Max. Willy legte seinen Kopf auf die ausgestreckten Pfötchen, machte einen

tiefen zufriedenen Seufzer und sein Herz hörte
auf zu schlagen.

Willy und Max rufen uns nach;

Weißt du noch als
ich zu dir kam und
dein Bett in Besitz
nahm.

Danke für alle
Liebe, die du mir
hast gegeben.

In unserer Nachbarschaft lebt unter Anderem
Speddy, eine Seele von einem Hundejungen, den
Shyra und Feli sofort ins Herz geschlossen
haben.

Speddy

von V. Haugwitz

Speedy ist mein Name:
ich wurde am
01.06.1994 in
Düsseldorf geboren.
Meine Mama war ein
Terrier, mein Papa ein
Schäferhund.

Bei meiner Geburt war ich schneeweiß, was ich
jetzt mit meinen 16 Jahren wieder bin. Als Welpe
besuchte ich die Hundeschule, um zu lernen,
was man machen darf und was nicht; und wie
man sich als guter Hund benimmt. Dort war es
voll lustig, denn die anderen Hunde warteten ab,
was ich machte. All das taten sie nach, allerdings
auch jeden Unfug. Bei mir zu Hause war immer
etwas los. Ich lebte mit einem Herrchen, einem
Frauchen, einem Miniherrchen, einem
Minifrauchen, der kleinen Hundedame Cecil und
Kater Karl zusammen. Besonders hoch her ging
es Sonntagmorgen wenn wir alle im Doppelbett
unserer Erwachsenen lagen und herumtobten.
Wurde es mir langweilig, habe ich mit Cecil
gespielt.

Am liebsten zog ich sie an ihrem Schwanz durch die Wohnung, was auch ihr sichtliches Vergnügen bereitete. Wir hatten ein großes Grundstück, wo wir uns austoben konnten. Als ich älter wurde, merkte ich, dass ich in Cecil verliebt war. Auch sie fand mich nicht unsympathisch. Stolz sahen wir schließlich unserem Nachwuchs entgegen.

Am Tag der Geburt fing für mich ein ernstes, sorgenvolles Leben an. Die Geburt verlief mit Komplikationen. Die Erwachsenen gingen mit Cecil zum Tierarzt. Der brachte per Kaiserschnitt drei kleine Speedys zur Welt, aber leider tot. Die Welpen waren zu groß für meine kleine Cecil, sie hatten in ihrem Bauch keinen rechten Platz. Von dieser Zeit an ging es Cecil immer schlechter, bis sie dann in den Armen ihres Frauchens starb.

Nach einer Weile bekamen wir Joschi. Der war ganz schön tapsig und machte nur Unsinn. Ständig lief er weg, wir erfuhren später, dass er bei Nachbarn untergekommen ist. Da gefiel es ihm besser. Im Jahr 2000 zogen wir alle nach Dresden. Mein Herrchen bekam eine neue Arbeitsstelle und auch mein Frauchen hat in Dresden einen neuen Job bekommen. Wir zogen in ein schönes Haus in Altfranken, mit

Garten vor dem Haus. Dort ging es uns Allen gut, bis 2003 mein Herrchen plötzlich verstarb. Von da an hatte keiner mehr richtig Zeit für mich. Ich war ständig alleine, keiner ging mit mir Gassi. Bis wir Familie Haugwitz kennen lernten. Ihr Sohn Uwe arbeitet mit meinen beiden Frauchen zusammen. Katharina, mein kleines Frauchen, und Uwe haben sich verliebt. Und so kam ich zur Familie Haugwitz. Dort bekam ich alles das, was ein Hund braucht – Liebe und Zuwendung. Wir fuhren an den Wochenenden viel zur Oma in den Garten. Dort konnte ich mich austoben und ein Würstchen essen. Oma lachte mich immer an.

Die Zeit verging und es wurde Weihnachten. Überall roch es verführerisch nach lauter leckeren Dingen. Meiner Hundenase entging nichts. Als ich allein zu Hause war, erkundete ich, wo die Gerüche überall herkamen. Im Kinderzimmer roch es am besten und ich begann die schönen verpackten Pakete aufzureißen und zu begutachten. Leckere Nugattütchen kamen zum Vorschein und ich musste kosten, ob auch alle genießbar waren. Das Papier aß ich gleich mit. Als meine Leute nach Hause kamen, gab es Ärger. Außerdem war mir schlecht und mein Frauchen musste mit mir schon vier Uhr morgens Gassi gehen. Das war lustig. Es hatte frisch geschneit und wir waren ganz alleine unterwegs. Dann musste ich einen großen Hundehaufen machen und das Nugatpapier kam auch mit. Von da an lagen die Geschenke immer so, dass diese vor mir gesichert waren.

Und dann starb eines Tages mein neues Herrchen, genau wie mein erstes, einfach so. Mein Frauchen versuchte, sich vor mir nichts anmerken zu lassen, dass sie traurig war. Nach einer Weile lernten wir Wolfgang kennen. Den konnte ich anfangs nicht leiden, habe ihn immer in die Wade gezwickt. Das war alles 2006. Wolfgang kümmert sich um mich, wenn mein Frauchen arbeiten geht. Durch ihn erfuhr ich, dass auch Trams, Busse und Züge Fortbewegungsmittel sind. Das alles hatte ich vorher nicht gekannt. Heute bin ich 16 Jahre alt und wünsche mir, noch eine lange Zeit zu leben, auch wenn mir meine alten Knochen Schmerzen bereiten. Ich grüße alle meine Freunde und verbleibe.

Die Geschichte von Tinka möchte mein Frauchen Euch noch im Anschluss erzählen.

Euer Speedy

Tinka

von V. Haugwitz

Unser erster Hund hieß Tinka. Weil mein Mann arbeitslos wurde, hatte er viel Zeit und so beschlossen wir, uns ein Tier aus dem Tierheim zu holen. Wir fuhren nach Döbeln und wurden fündig. Vor dem Eingang ins Hundehaus saß ein kleiner Hund. Er hatte nur noch wenig Fell und sah auch sonst ziemlich runtergekommen aus. Wir erfuhren, dass Tinka (den Namen haben wir ihr gegeben) ein Jagdhund war. Ihr Herrchen starb im Wald und sie hatte fünf Tage neben ihm gesessen, ohne Nahrung und Wasser. So fand man die Beiden, Tinka kam ins Tierheim. Mein Mann und ich nahmen Tinka dann mit nach Hause, wo sie sich erholte. Damals war Tinka sechs Jahre alt.

Zu meinem Geburtstag im Februar hatten wir wieder einige Freunde und Verwandte eingeladen. Mein Mann machte, Wurst und Käseplatten für den Abend bereit. Diese stellte er ins Schlafzimmer. Nach und nach trafen alle Gäste ein und die Stimmung war gut. Keiner achtete auf unsere Tinka, bis dann meine Freundin sagte, der Hund muss irgendetwas gefressen haben, der leckt sich noch das Maul.

Im Nu war mein Mann aufgestanden und ins Schlafzimmer gerannt. Die Käseplatte war fast leer, nur die Garnierung war noch da. Tinka lag faul und vollgefressen auf ihrem Kissen und schlief.

Am Wochenende fuhren wir meistens in den Garten zu meiner Mutter. So auch dieses Mal. Mein Mann holte das Auto. Tinka und ich gingen ihm entgegen. Ich machte den Hund von der Leine los und plötzlich war Tinka weg. Mein Mann war inzwischen mit dem Auto vorgefahren. Wir suchten und riefen nach Tinka. Da kam ein Mann aus einem Reisebus und fragte, ob wir einen Hund suchten. Wenn ja, dann sollten wir mal zu dem dritten Busfenster sehen. Unsere Tinka saß völlig gelassen auf dem Schoß einer Dame und blickte uns treuherzig an. Der kleine Frechdachs ist ohne uns in den fremden Bus eingestiegen. Sie genoss die Streicheleinheiten von den Reisenden und lies sich dabei fotografieren.

Eines Tages bemerkten wir, dass Tinka sehr schlecht laufen konnte. Der Tierarzt stellte nach eingehenden Untersuchungen Knochenkrebs bei ihr fest. Wir haben Tinka die letzten Monate liebevoll gepflegt, bis wir sie am 16.12.2002 einschläfern lassen mussten. In nunmehr meiner Erinnerung lebt Tinka weiter.

Das Herrchen von Maya trafen wir beim Gassigehen, natürlich sprachen wir über unsere Lebensgeschichten, die von Mayas Herrchen und seiner Tierliebe ist erzählenswert.

Mit Hund nicht rund

von S. Neutsch

Meine damalige Lebensabschnittsgefährtin hatte von einer neuen, Erfolg versprechenden Antifetttherapie gehört. „Dog Dancing". Das Erste, was wir für ihre neue Art der Fettverbrennung brauchten, war ein intelligenter Hund.

Was ist Dog Dancing?

Das sind lustige Tricks, die Mensch und Hund zu mehr Bewegung veranlassen. Wichtig ist, dass Beide mit Spaß und Freude an das Training herangehen. Mit Zwang geht nichts! Voraussetzung ist, dass der Hund die Grundbegriffe wie Sitz, Platz und Pfötchengeben kennt.

Zuerst lernt der Hund über den Boden kriechen. Der Halter muss neben dem liegenden Hund knien, eine Hand auf die Schultern des Hundes legen, das Leckerli vor ihm wegziehen und den Befehl „Kriech!" geben.

Die nächste Übung ist Slalom durch die Beine des Halters laufen. In Schrittstellung wird ein Leckerli in Knöchelhöhe zwischen den Beinen gehalten und weiter bewegt, der Hund folgt dem Leckerli. Später kann der Halter mit „Dreh dich!" weitertrainieren. Dazu hebt er das Leckerli über den Kopf des Hundes, der Vierbeiner wird automatisch gezwungen, sich zu drehen. Wichtig ist, mit viel Geduld das Kommando zu wiederholen.

Jetzt beginnt die Königsdisziplin „Turn oder Twist". Der Hund dreht sich nach links „Twist" oder rechts „Turn" herum. Nicht vergessen, die Kommandos müssen wiederholt werden, Leckerli bereithalten und dabei viel loben.

Beim anschließenden Dog Dancing spielt die richtige handgerechte Musik eine wichtige Rolle. Der Halter und sein Hund lernen gemeinsam „Steppen". Der Halter steht seinem sitzenden Hund gegenüber. Die jeweiligen Bewegungen der Beiden sind spiegelverkehrt. Vorher muss der Hund auf jeden Fall Pfötchen geben beherrschen. Während der Halter sein rechtes Bein hebt, bittet er den Hund, sein linkes Pfötchen zu geben. Mit viel Lob und Ausdauer gehen Beide auf der Stelle, später gehen sie einzelne Schritte im Takt.

Ein Schelm, wer dabei nicht überzeugt wird, dass dies ein effektives Fettverbrennungsprogramm ist!

Rein theoretisch hatte meine Freundin alle Programme im Kopf, jedoch einen passenden Hund fanden wir nicht im Internet. Täglich rechtfertigte sich meine Freundin dafür, dass sie erst abnehmen könne, wenn endlich der Hund gefunden sei.

Da hatte ich die Faxen dicke. Ich entschied mich, ins örtliche Tierheim zu fahren, um wenigstens eine Katze zu holen.

Zu diesem Zeitpunkt kannte ich die Sprichwörter: „Die Katze ist ein freier Mitarbeiter, der Hund ein Angestellter!" und die Erfahrungen von Mary Blay, „Hunde kommen her, wenn sie gerufen werden, Katzen nehmen es zur Kenntnis und kommen gelegentlich darauf zurück!", noch nicht. Dazu kommt, ich hatte bei meiner Entscheidung nicht mit der Wirkung der Mitleidswelle der Zuschauer des Öffentlich-rechtlichen Fernsehens gerechnet. So waren nach der Ausstrahlung der Sendung „Tier, Katze, Maus" oder so ähnlich aus dem von mir anvisiertem Tierheim alle Katzen vermittelt worden.

Und nur deshalb kam ich auf den Hund.

In einem Käfig saß das Sorgenkind des Tierheimes, der zehn Jahre alte schwarze

Schäferhund-Dackel-Mix, die Form wie ein Torpedo, „Mopi".

Ich erfuhr später von einem Ehepaar, welches Mopi auf der Straße erkannte, dass mein neuer Begleiter früher im Besitz eines Stadtstreichers war, der seinen Hund abgeben musste, weil er einen Platz im Obdachlosenheim erhalten hatte. Mopi war in Pieschen bekannt wie ein gescheckter Hund, dort hatte er auch seine schönsten Jugendtage verbracht. Der Hund blieb bei mir und meine Freundin zog in eine andere Stadt. Mopi und ich teilten alles, er begleitete mich als selbstständiger Fensterbauer und freier Steuerberater zur Arbeit. Bis ich eines Tages, noch verschlafen, am Morgen Mopi im Flur liegend vorfand. Ich ärgerte mich, beim Weg zum Bad über eine Pfütze und schimpfte vor mich hin; „Konntest du nicht warten, bis wir Gassigehen!" Nachdem ich aus dem Bad zurückgekehrt war, lag Mopi immer noch an der gleichen Stelle. Erst jetzt erkannte ich, dass mich mein nunmehr 15-jähriger Mopi für immer verlassen hatte. Mir schnürte es die Kehle zusammen.

So eine Situation stellte mich vor neue Probleme, was musste ich nun tun. Es war Samstag, ich hatte kein Auto, die Tierärztin war nicht erreichbar und es war der kälteste 5. Februar, den ich je erlebte. So bahrte ich Mopi, in einer Decke gehüllt, auf dem Balkon auf. Gleich am Montagmorgen brachte ich die sterbliche Hülle meines Hundes zur Tierärztin, die alle weiteren Maßnahmen für mich einleitete. Dabei dachte ich nicht daran, ihm die Hundemarke abzunehmen. Das wurde mir wiederum beim Hundesteueramt zum Verhängnis. Erst die Todesbescheinigung der Tierärztin stimmte die Behörde milde. Meine Wohnung war plötzlich so leer, Mopi fehlte mir.

Zwei Tage später entschied ich, ein neuer Hund muss her. Mit Hilfe der Hundeschule am Blauen Wunder fand ich „Maya". Die bei einem korrekten Lehrerehepaar bis zur Vermittlung in Pflege war.

Ich durfte Maya, eine circa vier Jahre alte Mixhündin aus Mexiko, zur Eingewöhnung mit nach Hause nehmen. Dass Maya mich vom ersten Augenblick mochte, zeigte sie mir, indem sie sofort mein Bett zu ihrem neuen Schlafplatz machte.

Mit ihr war eine große Lücke in meinem Leben wieder ausgefüllt. Ich begriff zum ersten Mal das Sprichwort; „Wen der Himmel liebt, dem schickt er einen Freund!" Mir ist es nicht wichtig, ob mein Hund ein Mischling oder ein Hund mit einem riesenlangen, wohlklingenden Stammbaum ist. Maya hat die gleichen guten Eigenschaften wie Mopi. Sie ist freundlich, verspielt, folgsam, kontaktfreudig, kein Beller und sie bleibt auch in der Wohnung allein. Wir verbringen sehr viel Zeit miteinander. Maya weiß, wenn ich sie frei laufen lasse, dass sie an bestimmten Orten auf mich warten muss.

Das ist einmal vor der Sparkasse, dann beim Fleischer dort wird sie mit einem Würstchen belohnt und später vor dem Einkaufszentrum. Es kommt immer auf die jeweilige Strecke an. Ich hätte keinen richtigen Hund, wenn er nicht auch typisch tierische Eigenschaften zeigte. Maya ist eine richtige kleine Diebin, sie klaut das Essen vom Herd und das mit einer erstaunlichen Raffinesse. Um ihr dies abzugewöhnen, ließ ich eine, geringfügig gespannte Mausefalle kurz vor ihren Pfötchen, um sie nicht zu verletzen, zuschnappen. Ja und dann bearbeitete Maya meine Couch so, dass ich nach einer vier Monate währenden Wohngemeinschaft mit Maya das gute

Stück reparieren lassen musste. Was soll's, die Couch kann ich neu beziehen lassen.

Das Beste ist, meine Maya ist das einzige Wesen auf der Erde, das mich so liebt, wie ich bin!

Maya aus Mexiko spielt mit Shyra aus Spanien

Liebe auf den ersten Blick

von M. Großmann

Nach dem Tode meiner 16jährigen Perserkatze war ich krank vor Kummer. Jeder sprach mir Trost zu. Eineinhalb Jahre hielt ich die Einsamkeit in der Wohnung aus.

Nur so aus Neugierde fuhr mich mein Mann zu einem Hundezwinger, um uns umzuschauen. Da sah ich ihn in einem Laufgitter, seine Pfötchen kerzengerade ausgestreckt in einer Ecke. Verliebt schaute er mich an und ich schaute entzückt auf das kleine Etwas. Einen rotbraunen, zwei Monate alten Cocker Spaniel, der sehr lustig wie ein Clown seine Augen verdreht hatte. Es war wohl bei uns Beiden Liebe auf den ersten Blick. Ich wusste sofort. Diesen und keinen Anderen, wollte ich haben.

Von diesem Tag an wurde alles anders. Rocco, so nannten wir unseren neuen vierbeinigen Hausgenossen. Er gab sich besonders viel Mühe, meine ihm entgegengebrachte Liebe zurückzugeben. Innerhalb von drei Wochen war er stubenrein. Rocco hatte sehr viel Blödsinn im Kopf. Sämtliche Grünpflanzen wurden Opfer seiner Spielwut.

Unser erster gemeinsamer Urlaub mit einem Campinganhänger im Kleinwalsertal war wundervoll. Ich band Roccos Halsband mit einer langen Wäscheleine an das Ersatzrad, um ihm so viel wie möglich Freilauf zu bieten. Dabei hatte ich nicht mit seinem jugendlichen Temperament gerechnet. Nachdem Rocco sah, dass mein Bruder von einer Wanderung zurückkehrte, rannte er ihm mit dem Ersatzrad über den ganzen Campingplatz entgegen. Nach diesem Urlaub haben wir mit Rocco noch zweimal die Umgebung des Stubaitales erwandert und viele Bäche überquert.

Später war ich mit meinem Liebling im Garten, der unweit der Elbe lag. Öfter spazierten wir an der Elbe entlang. Rocco badete sehr gern in der Elbe, meist an der flachen Schiffsanlegestelle der Fähre. Zu seiner Sicherheit band ich ihn immer an einer Wäscheleine fest. Nachdem wir zurückkehrten, war er keinesfalls müde vom Baden, sondern jagte im Garten Katzen und alten Pappkartons hinterher. Pappkartons waren Roccos beliebtestes Spielzeug.

Im September dieses Jahres wird Rocco schon 13 Jahre alt. Er ist, und das insbesondere nach dem Tode meines Mannes vor einem Jahr, der Mittelpunkt in meinem Leben.

Leider hört Rocco nicht mehr sehr gut, jedoch wenn ich den Kühlschrank öffne, steht er sofort neben mir.

Ich möchte noch sehr viel Zeit mit meinem vierbeinigen Liebling verbringen. Rocco ist das Beste, was mir im Leben passieren konnte. Er ist immer für mich da. Wenn ich einmal traurig bin und weine, leckt er mir die Tränen vom Gesicht.

Danke, mein Liebling!

Rocco im Hundesalon

von C. Wojk

Cocker Spaniel sind hervorragende Jagd- und Ausstellungshunde. Der Name leitet sich von „Spanischer Hund" ab. Er ist ein sehr aktiver, verspielter und intelligenter Hund. So wedelt er fast ununterbrochen mit dem Schwanz.

Der Cocker Spaniel braucht eine besondere Haarpflege und wo wenn nicht in einem Hundesalon ist er am besten versorgt?

Die Hunde - Salon-perle tastet das Fell nach verfilzten Stellen ab, dabei achtet sie besonders auf die langen seidigen Haare an den Ohren.

Zur Pflege für die Unterseite des Unterkiefers, der Rute und hinter den Ohren verwendet sie einen eng zahnigen Kamm. Dann schneidet sie mit einer abgerundeten Schere die Augenpartie sowie die Pfoten und andere empfindliche Bereiche aus. Das Schönste ist der Plausch, damit wird ein Besuch im Hundesalon immer ein Erlebnis.

Vor einiger Zeit kam in diesen Salon eine vornehme Dame das erste Mal mit ihrem kleinen Welpen.

Die Dame litt bei der Pflege ihres Lieblings unwahrscheinliche Qualen. Jedes Mal, wenn das Tierchen einen Laut von sich gab, war die Dame bestürzt und verängstigt, dass nur ja ihrem Hündchen nichts Unrechtes widerfahren möge.

Nach der Prozedur, wie sie die Pflege ansah, setzte sie ihr Hündchen auf den Boden und begann, sich ausgelassen über ihre Befindlichkeiten mitzuteilen.

Das Hündchen wollte sich entleeren, fand aber keinen geeigneten Ort, sodass es das neben der Couch im Hundesalon tat. Daraufhin kniete sich die vornehme Dame neben ihr Hündchen und beschimpfte nicht das Hündchen, sondern die Couch. Wofür auch immer.

Danach verließen Beide fluchtartig den Salon und wurden nie wieder gesehen.

Unsere Hunde -Familie

Eine Lovestory von Lehmann & Kneschke

Unsere damals 13 Monate alte Hundedame kam aus dem Land der Berge, da wo der Berggeist Rübezahl sein Unwesen trieb. Ein Freund hatte mich gebeten, für seine Kinder einen kleinen Hund mitzubringen. Die kleine Hundelady hatte sich vom ersten Augenblick an entschlossen bei mir zu bleiben und nur mich allein gern zu haben. Ich wurde schließlich emotional ebenso abhängig von ihr, wie sie von mir. So kam es mir sehr entgegen, dass mein Freund mir schonend mitteilen wollte, aus welchen Gründen auch immer, dass er den Hund nicht behalten könne. Genau in diesem Augenblick entschied ich mich, die vierbeinigen Wollknäule zu behalten. So kam ich auf den Hund und das war gut so! Ich nannte mein neues Familienmitglied Bruni. Aus

Dankbarkeit strich Bruni um meine Füße, kletterte mit ihren kleinen Vorderpfötchen an meinen Beinen bis zur Wade hoch und streckte sich. Ich konnte nicht anders, musste mich hinunter beugen, den schlanken Körper streicheln und hochheben. Die kleine raue Zunge leckte dankbar meine Hände. Dass dies sehr schön war, lernte mein Racker zuerst und versuchte es immer wieder. Sie wollte möglichst nah an mich herankommen und die große weite Welt von oben betrachten. Ich tollte so oft wie möglich mit meinem kleinen Welpenmädchen herum. Sie genoss es, wenn ich ihr mit zwei Fingern die Ohren graulte, dabei wendete sie verzückt das Köpfchen so, dass ich auch wirklich alle ihre erogenen Zonen erreichte. Alle meine Besorgungen machte ich mit dem Rad. Zuerst schaffte ich uns ein Hundekörbchen für das Fahrrad an, denn ich wollte meine kleine Hundedame von nun an nicht mehr missen. Dann setzte ich Bruni in ihr Körbchen und Heidiwitzka fuhren wir gemeinsam durch die Stadt. Der Wind wehte uns um die Ohren. Bruni genoss es, die große bunte Welt im Sauseschritt an sich vorbeigleiten zu lassen. Für sie war es sehr wichtig, immer in meiner Nähe zu sein. Wir wussten, dass wir, hoch auf dem Drahtesel, ein charmantes, liebeswertes und unwiderstehliches Bild abgaben. Dabei waren wir uns sicher, wer uns nicht mag, hat keinen Geschmack! Dazu trug mein Rad immer die aktuelle Losung der Saison, mal verteidigten wir den Frieden für uns und den Rest der Welt, dann verkauften wir Eier. Aber nicht etwa so, „ Klingeling, jetzt kommt der Eiermann!", nein ich stand an einem mobilen Eierstand.

Bruni bewachte meine zerbrechliche und stets frische Ware. Wir waren ein unschlagbares Team!

Das ging solange gut, bis Bruni es leid war, immer nur brav im Körbchen zu sitzen und die Welt von oben zu betrachten. Schon lange hatte sie ein Auge auf einen stattlichen Rüden geworfen, mit dem sie gern durchs Gebüsch streichen würde. Meine Bruni war inzwischen eine reizende Hundedame geworden. Ich als Rüde hätte ihr sicherlich die entsprechende Beachtung geschenkt. Immer mehr Hundejungen nahmen von ihr Notiz und umlungerten uns. Meine rotbraune Bruni hatte nur Augen für Basti, einen liebenswerten dunkelhaarigen Rüden. Sie konnten ihn und sein Frauchen gut riechen, was auf Gegenseitigkeit beruhte. So zogen wir Vier um die Häuser. Weil

Bruni und Basti sich sehr viel mitzuteilen hatten und in trauter Zweisamkeit die Gräser beschnüffelten und die Sträucher genau untersuchten, ließen wir sie des Öfteren von den stressigen Leinen los. Dabei muss es wohl passiert sein. Meine Bruni nahm in den darauf folgenden Wochen mächtig zu. Von vielen Hundehaltern bekam ich nützliche Ratschläge, wie ich das Futter rationieren konnte, damit Bruni, ihre Pfunde wieder loswird. Alles nützte nichts, Bruni legte weiter an Gewicht und Leibesfülle zu. Nachdem ich auf dem freitäglichen Wochenmarkt einer Marktfrau von der plötzlichen Fettleibigkeit meiner Bruni berichtete, lachte sie völlig entspannt. „Oh, Ihr Stadtmenschen, könnt nicht mal auf ein kleines Tier richtig aufpassen. Ihr werdet es nie lernen oder erst dann, wenn es zu spät ist. Dein Hündchen erwartet Nachwuchs!"

Ich sah bestürzt auf Bruni. Viele Gedanken spukten durch meinen Kopf. Ich kannte schwanger sein nur von der menschlichen Welt durch Erscheinungsformen, wie Übelkeit, Launenhaftigkeit und vieles durcheinander Essen.

Von alledem hatte ich bei Bruni nichts bemerkt. Ihr ging es nie schlecht, sie hatte nicht einmal

Durchfall, war besonders anhänglich und sie fraß nur das, was ich ihr hinstellte. Immer wieder strich meine Hand über das Fell und das immer runder werdende Bäuchlein. Was würde mich erwarten, so hatte ich gehört, dass Hunde bis zu neun Babys bekommen können. Ich rechnete mir schon die Hundesteuer aus! Dann entschied ich, mich nicht von vornherein verrückt zu machen. Ich stellte mich darauf ein, Bruni vor allem zu beschützen, besonders vor den Rüden, damit sie nicht noch einmal bedrängt würde. Bruni verstand diese Vorsichtsmaßnahmen überhaupt nicht.

Eines Tages teilte ich Bruni mit, nachdem sie es sich früh im Bett auf meiner Brust gemütlich gemacht hatte, die Pfoten einzog und mich erwartungsvoll anstarrte. „Wir gehen heute zu einer Bekannten, dort kannst du mit ihrem Kater Friedrich spielen, der kommt dir nicht zu nahe!" Danach zog ich sanft meine Hände unter der Bettdecke hervor und setzte meine gewichtige Bruni sanft auf den Boden. Nachdem Bruni ihre Frühstücksschüssel geplündert hatte, zog sie sich auf ihr Plätzchen zurück und schlief, ohne Anstalten zu machen, mit mir zu Kater Friedrich zu gehen, erschöpft ein. Mich bedrückte plötzlich eine Unruhe, selbst diese störte meine Bruni nicht in ihrem Schlaf. Nach einem geruhsamen Schlaf war meine Hundedame endlich bereit, mit mir das Haus zu verlassen. Sie hielt sich auf der Straße gar nicht lange auf, um ihr Geschäft zu machen, viel mehr drängte es sie, endlich zu ihrem Freund, Friedrich zu kommen. Bruni zog mich förmlich in die Wohnung meiner Bekannten hinein. Dann verschwand sie mit Friedrich hinterm Sofa auf seinem Ruheplatz. Hinter dem Sofa wurde es unruhig. Friedrich kam aufgeregt zu seinem Frauchen gelaufen und miaute kläglich, als wolle er sie auffordern, zu seinem Ruheplatz zu kommen.

Ich folgte den Beiden und sah die Überraschung. Bruni hatte ihre schwere Stunde, besser gesagt Stunden, vier an der Zahl. Wir hatten uns auf den Boden gekauert und der Kater legte sich direkt neben Bruni. Er, Brunis selbst gewählter Geburtshelfer, schnurrte beruhigend, um ihr das Leiden erträglicher zu machen. Der erste Welpe war zu schwach, er hatte den Daseinskampf vor seiner Geburt aufgegeben. Wir waren entsetzt. Dann erblickten nach und nach noch vier gesunde Welpen, das Licht unserer wunderschönen Welt. Wir gaben dem Viergespann sofort Namen, damit wir sie auseinander halten konnten. Teddy, Pascha, Billy und das einzige Mädchen, unsere süße Püppi, nannten wir Emi. Die kleinen Welpen waren so herzallerliebst, dass wir uns entschieden, sie so zu vergeben, dass wir sie gemeinsam um uns hatten. Das Frauchen des Erzeugers Basti riefen wir an und schockten sie mit der Nachricht; „Wir haben vier Babys!" Kurz nach diesem Ereignis saß Bruni abends, nachdem sie ihr Quartett gestillt hatte, neben mir. Es herrschte das erste Mal seit vielen Tagen eine angenehme Stille in unserer Säuglingsstation. Davon seltsam berührt, blickte ich von meiner Zeitung auf und bemerkte, dass meine tapfere Hundmama mich eindringlich betrachtete. Ich hatte das Gefühl, dass mir Bruni etwas sagen wollte. In diesem Augenblick empfand ich eine unbeschreibliche Zuneigung zu meinem Hund. Bruni sah so glücklich aus, wie sie von mir zu ihren friedlich schlummernden Welpen sah. In den ersten Wochen nach der Niederkunft tat Bruni kein Auge zu. Sie säugte und beobachtete ihre Babys, auf dem Boden liegend, mit gekreuzten Läufen. Täglich konnte ich das Gedeihen unserer Welpen miterleben, Bruni war eine ausgesprochen fürsorgliche Mama. Es war für mich eine helle Freude, zu beobachten, wie sie ihre vier Wollknäuel von einem Ort zum anderen trug, um das Nest zurechtzurücken oder Essensrückstände zu entfernen.

Die Kleinen winselten, fiepten und begannen schon zu knurren. Brunis ganzes Interesse galt nur noch ihren Welpen. Sie war völlig ausgelastet, fast schon überfordert. Fand sie eins ihrer Welpen nicht im gemeinsamen Nest, geriet sie in einen Erregungszustand und war in ihrer Geschäftigkeit kaum zu bremsen. Bruni blickte mich Hilfe suchend an, als wüsste ich genau, wo ihr Welpe abgeblieben war. Sie begann alles zu beschnuppern. Hatte sie ihr Baby endlich entdeckt, begann sie herzzerreißend zu winseln und das Kleine zu lecken. Schon bald begannen die kleinen Racker zu spielen. Einer rollte sich auf den Rücken und streckte alle Viere von sich gen Himmel, schon waren die anderen drei über ihn hergefallen. Immer wieder sah mich die stolze Mama glücklich an, als wolle sie sagen; „Sieh nur wie niedlich meine Babys sind, so klein und hilflos, bitte hilf mir, sie zu beschützen!"

Noch einer war stolz auf sein Werk, der uns nun des Öfteren besuchte, der Geburtshelfer Kater Friedrich. Er wurde für die Welpen ein lebenslanger Freund und Spielkamerad. Kater

Friedrich lag neben dem Welpennest, ohne nur einen Blick von ihnen zu lassen, dabei hörte ich ein Geräusch, das einem im Leerlauf betriebenen Motor glich. Beim genaueren Hinhören bemerkte ich, dass Friedrich vor Glück und Wonne schnurrte. Obwohl Katzen Einzelgänger sind, fühlte sich Friedrich zu Bruni und ihren Welpen hingezogen. Das war ein artübergreifendes Spiel, das dem Kater sichtlich gefiel. Friedrich machte keinen Hehl daraus, dass er uns Menschen in seiner Nähe nur duldete, während die Hündin Bruni und ihre Welpen uns Menschen vergötterten. Solch eine Beziehung zwischen dem Kater Friedrich, der Hundedame Bruni und ihren Welpen zu uns ist etwas ganz Besonderes, es ist individuell bedingt. Dessen sind wir uns auch bewusst gewesen, als wir uns entschieden, das Quartett nicht zu trennen.

So kam Billy zu einer befreundeten Familie, Pascha wurde in der Wohngemeinschaft von Kater Friedrich aufgenommen. Bruni behielt ihren ältesten Sohn Teddy und der Erzeuger Basti nahm unser einziges Mädchen, Emi unter seine Pfoten. Klagen gaben es keine, alle wurden kastriert bzw. sterilisiert. Von da an begann ein lustiges Hundeleben, gemeinsam zogen wir nun mit sechs munteren Hunden um die Häuser. Insbesondere an den Geburtstagen fand eine lange Feier im Kreise der Lieben statt.

Alles hätte so schön bleiben können, wenn Bruni sich nicht eines Tages verlaufen hätte. Alle waren außer sich, keiner hatte die stolze Hundemama gesehen. Bruni wurde als Streuner aufgefunden. Die Hundefänger fanden in ihrem dichten Fell das Halsband mit der Hundemarke. Schnell klärte sich auf, wer ihr Halter war, denn das Ortsamt war inzwischen tätig geworden, zusätzlich hatte eine Nachbarin Bruni bereits identifiziert. Dem gesamten Rudel, das vom Alphatier, dem Vater Basti und den Zweibeinern angeführt wurde, fiel ein mächtiger Stein vom Herzen.

Inzwischen hat Basti das 16. Menschenjahr überschritten, Bruni ist stolze 12 Jahre alt und die Rasselband hat den sechsten Geburtstag im Rahmen aller Lieben, den Vierbeinern und den Zweibeinern, gefeiert. Täglich sieht der aufmerksame Beobachter den Hundevater nebst Tochter und die Hundemutter nebst Sohn mit ihren Zweibeinern um die Häuser ziehen.

Vom Frühjahr bis zum Herbst kommt ein sehenswertes Gespann die Straße entlang. Mit sich beschäftigt, eilen Tochter Emi und Sohn Teddy voraus. Der betagte Basti sitzt in einem kleinen Transportwagen neben Proviant für ein Picknick im Schrebergarten.

Der von seinem Frauchen und Brunis Herrchen abwechselnd gezogen wird. An seiner Seite, stets auf sein Wohl bedacht, sitzt oder läuft noch immer gut zu Fuß Bruni, das Hundemädchen aus dem Riesengebirge, wo der Berggeist Rübezahl manchem redlichen Menschenkind durch ein besonderes Geschenk viel Glück gebracht hat.

Was dem Mensch sein Steak
– ist für Katz und Hund ein Maikäfer

von Frauchen Kneschke

Mein Kater Peter hatte allgemein die Ruhe weg. Er kam und ging auf leisen Sohlen und verbrachte einen Großteil seiner Tage im süßen Schlummer.

Für mich war es Fakt, dass mein kleiner Yorkshire-Terrier Flocki die Wohnung ausfüllte, den Kater merkte ich kaum noch. Abgesehen von seiner jugendlichen Sturm- und Drangzeit, wo er sich richtig ausgetobt hatte und ausgiebig spielte, mal auf dem Bücherregal, dann wieder auf der Gardinenstange. Diese Aktionen stellten meine Nerven mitunter ganz schön auf die Probe.

Nachdem diese Jugendtorheiten überwunden waren, übte mein Kater vornehme Zurückhaltung: Meist lag er faul in der Wohnküche auf der Fensterbank, um sich nicht durch unnötige körperliche Bewegungen zu verausgaben. Nur einmal am Tag bekam Peter seine "fixen 360 Sekunden". Er sauste wie verrückt durch die Wohnung, plünderte seinen Futternapf und den Papierkorb, um sich daraufhin wieder zur Ruhe zu begeben. Sehr viel

Zeit benötigte er für seine gründliche Körperpflege. War dieses Werk beendet, legte er sich bequem mit untergeschlagenen Vorderpfoten auf die Fensterbank und beobachtete von seinem sicheren Standort aus die Vorgänge inner- und außerhalb des Raumes. Mein Kater verbrachte so einen großen Teil des Tages und strahlte damit auf unsere Wohngemeinschaft eine angenehme Ruhe aus. Sah ich dabei in seine Augen, so hatte ich das Gefühl, als wisse er viel mehr und kenne alle Geheimnisse unseres Daseins.

Hektische Aktivitäten, wie es meinem Yorky Flocki zu Eigen war, lagen nicht im Wesen meines Katers. Eines Tages wurden alle meine Erkenntnisse und Erfahrungen, die ich bisher mit meinem Kater gemacht hatte, über den Haufen geworfen. Er benahm sich völlig anders.

Der Kater stand völlig aufrecht, auf zwei Pfoten auf der Fensterbank, er machte Männchen und wedelte wild mit den Vorderpfoten herum, um möglichst das obere Ende des Festerrahmens zu erreichen. Flocki ermunterte ihn bellend, nicht aufzuhören und alle Kräfte daran zu setzen, das Objekt ihrer Begierde zu erreichen. Von dem ungewöhnlichen Treiben aufmerksam geworden, beobachtete ich mit Spannung den Ausgang der ungewöhnlichen Aktivitäten meiner zwei Lieblinge. Der Kater setzte zum Sprung an und schon war er mit einem Satz am oberen Ende der Fensterscheibe und beförderte ein kleines Lebewesen auf den Boden. Schnell war Flocki zur Stelle und er verfolgte das Insekt, welches vor ihm unter den Kühlschrank geflüchtet war. Der Kater beobachtet einen Augenblick mit weit aufgerissenen Augen das Tun von Flocki. Dann griff er ein. So macht für Hund und Katze das Spielen mit einem Partner natürlich viel mehr Spaß. Bei Beiden stieg das Jagdfieber bis ins Unermessliche. Der Kater schlich sich heran und nahm sich die vor den Hundepfoten flüchtende Beute vor. Danach schleuderte er die betäubte Beute, die ich nun als Maikäfer deuten konnte, in die Luft, um dann wieder blitzschnell nach ihr zu greifen. Und schon legte Peter mit einem siegessicheren Blick die Beute vor seinem Spielkameraden ab.

Beide starrten das verendete Flugobjekt ihrer Begierde lange an. Erst als Peter das Zeichen gab, lass es uns genießen, verspeisten Hund und Katze in inniger Vertrautheit den gemeinsam erlegten Maikäufer. Flocki leckte sich das Maul und trottete zufrieden zu seinem Körbchen. Peter sprang auf seinen gemütlichen

Fensterplatz und ließ sich die Sonne auf den Pelz scheinen, als wäre nie etwas Außergewöhnliches geschehen.

Wo die Vierbeiner selbst einkaufen

Nicht nur Jacky, Susi, Feli, Shyra wissen dies zu schätzen! Unsere vierbeinigen Lieblinge führen ihre Halter zu einem ganz besonderen Futternapf.

Zielgerichtet laufen unsere Vierbeiner die Straße entlang. Vorbei an Gartenanlagen über die Vorfahrtsstraße, bis der herbe Geruch der Zigarettenfabrik ihnen in die feinen Nasen steigt. Im Laufschritt geht es über die Straße und schon stehen wir vor der einladenden Eingangstür mit der leckeren Tankstation für hungrige Hunde.

Ein Gefäß mit den neuesten Leckerlis und ein Gefäß mit immer frischem Wasser. Wie von Geisterhand gesteuert, öffnet sich die Glastür. Hier werden unsere Lieblinge von Antje und ihren netten Mitarbeiterinnen und Mitarbeitern freundlich, meist sogar persönlich mit ihren jeweiligen Namen begrüßt. Die Hunde wissen ganz genau, was ihnen besonders gut schmeckt, so führen sie ihre Halter an das Regal, wo ihre Geschmacksnote zu finden ist. Dabei kann kein Halter einen Fehler machen, denn das selbst ausgesuchte Futter fressen unsere Lieblinge auf jeden Fall bis zum letzten Happen auf, während von uns ausgesuchte andere Futterdosen aus Billigläden unangetastet stehen bleiben.

Wie kleine Kinder finden auch die Hunde bei jedem Besuch etwas Neues und Aufregendes in ihrem Einkaufsparadies. Natürlich haben Kau-Snacks, exquisite Leckerlis, Kuchen & Kekse den Vorrang vor den Vollkostprodukten.

Und immer wieder geht es um die Wurst oder den besonderen Knochen. Nicht zu vergessen, das tiergerechte Spielzeug, das sich Kunde Hund selbst aussucht.

Ihre Halter finden viele Anregungen:

- um die Nahrung zu ergänzen,
- für die Behandlung von Gelenkbeschwerden und gegen kleine Weh - Wehchen,
- für den Ungezieferschutz,
- zur besonders angenehmen Ausgestaltung der Liegeplätze,
- zur Benutzung von Pflegeprodukten für Fell, Haut, Augen, Ohren, Zähne und Krallen,
- nicht zu vergessen die Leinen, Halsbänder von schlicht bis elegant und Erziehungshilfen.

Wie in den Läden der Zweibeiner ist auch der Kassenbereich informativ und verkaufstaktisch für Hunde und ihre Halter gestaltet. Da riecht es besonders gut nach auserlesenen Leckerbissen, woran ein Hundeherz schwer vorbeilaufen kann. Für die besonders artigen Vierbeiner gibt es Etwas davon gratis.

Es ist für uns Frauchen und Herrchen verständlich, dass sich unsere Lieblinge in diesem Hundeeinkaufstempel willkommen und wohl fühlen. Wenn unsere Lieblinge uns nach einigen Tagen wohl eindringlich ansehen und an der Leine ziehen, wollen sie uns zeigen, dass es wieder Zeit zum gemeinsamen Einkaufen ist.

So bleibt nur noch im Namen unserer vierbeinigen Lieblinge festzustellen, zu dem Tierparadies um die Ecke können wir wie schon Georg Mc Donald meinte, mit Fug und Recht sagen:

„Vertrauen zu genießen

ist ein größeres Kompliment

als geliebt zu werden."

Hundezucht mit Herz und Verstand
„Hippoland´s Yorkiezwinger –

Hallo, ich bin Fabi, ein Yorkshire Terrierrüde. Eigentlich heiße ich ja My Longtime Companion Fabrizio, aber alle sagen nur Fabi zu mir. Ich bin der Chef im Hause „Hippoland´s".

Bevor ich diese Stelle antreten durfte, musste ich mich, fein gestylt, auf zahlreichen Zuchtschauen und Ausstellungen bewerten lassen. Beim Tierarzt musste ich mich auch einem Check Up unterziehen. Nun bin ich „Yorkshire Terrier des excellents", fühle mich aber als Gartenzausel sehr viel wohler. In unserem schönen Haus mit Garten wohnen meine zweibeinigen Freunde und Futtergeber sowie meine Mädels Happy Hippoland´s Happy Lady), Yane (Schahnahmeh Riverqueen´s Banyana) und Monchi (Hippoland´s Mon Chi Chi) , die Jüngste im Bunde. Außerdem genießen Fine, Pieps, Kismet und Kirk ihren Ruhestand auf dem Brunnenweg. Tja, und dann wohnen ja auch noch unsere dicken Kumpels Dilly und Elli, zwei englische Bulldoggen hier. Die können vielleicht schnarchen, und das Spielen ist auch ganz lustig mit den Beiden. Eigentlich verstehen wir uns alle ganz gut, bis auf... naja, der Kirk ist auch ein Junge, und den lasse ich nicht an meine Mädels heran! Das kann man doch verstehen, oder? Schließlich habe ich mit meinen gerade mal drei Jahren schon   Kinder und alle finden die Kleinen immer total niedlich. Das macht mich vielleicht stolz! Meine Freundin Happy zum Beispiel hat jetzt vier Jungs und ein

Mädchen. Und ich bin der Papa. Das ist vielleicht immer eine Aufregung, wenn sich Nachwuchs anmeldet. Da wird umgeräumt und desinfiziert und das Welpenbettchen aufgebaut. Alle Zweibeiner sind mächtig aufgeregt und dann total erleichtert, wenn die Babys gesund und munter das Licht der Welt erblickt haben. Und wissen Sie was, meist schlafen meine Futtergeber dann sogar vor der Wurfkiste und bewachen die Hundemama und unseren Nachwuchs. Darüber bin ich ganz froh, das ist nun wirklich keine Aufgabe für mich. Schließlich muss ja einer den Überblick über das ganze Rudel behalten. In den ersten zwei Wochen haben die Hundekinder die Augen noch zu und nuckeln zufrieden Mamas leckerer Milch. Meine Zweibeiner kontrollieren täglich das Gewicht der Kleinen. Haben sie dann die Augen auf, krabbeln sie durch die Kiste und an jedem Tag erkunden sie ihre Umgebung ein Stück mehr. Und dann suchen meine Leute Hundenamen aus. Na, ich sage dazu lieber nichts. Jeder hat eine andere Idee und es gibt heftige Diskussionen. Am Ende hat dann doch jedes Hundebaby einen hübschen Namen, der dann später einmal auf seinem Ausweis, der VDH-Ahnentafel, steht.

Nach vier Wochen untersuchen die Yorkiebabys die Welt außerhalb der Wurfkiste. Am Anfang ganz schön wackelig. Mit ca. sechs Wochen dann doch schon ziemlich sicher, sind sie in Haus und Garten unterwegs. Und dann kommt meine Einsatzzeit. Die Kinder lernen mein Rudel kennen und ich passe auf, wenn sie im Garten auf Entdeckungstour gehen.

Und wissen Sie was, die dicke Bulldogge Tante Dilly spielt mit den Kleinen, das sieht vielleicht tapsig aus! Aber es macht allen Spaß.

Wenn meine Kinder dann acht Wochen alt sind, müssen wir zum Tierarzt. Die Babys werden untersucht, gechipt und geimpft. Die Tierärztin ist jedes Mal entzückt und findet die Kleinen niedlich und wunderschön.

An den Wochenenden meldet sich jetzt immer öfter Besuch an. Fremde Leute wollen uns kennen lernen und sich bei uns umschauen.

Manche Zweibeiner weinen vor Glück, wenn sie uns sehen und möchten uns gleich alle mitnehmen.

Aber so einfach ist das nicht. Meine Futtergeber prüfen die Interessenten auf Herz und Nieren, denn sie möchten sicher gehen, dass unsere Babys in liebe Hände kommen. Und dann kommt der Tag, an dem meine Zweibeiner immer sehr aufgeregt sind. Die Zuchtwartin kommt zur Wurfabnahme und begutachtet unser Heim, die Babys und deren Mama. Meine Leute sind dann immer sehr froh, wenn die Dame mit uns zufrieden ist.

Nun ist es soweit; unser Nachwuchs zieht jetzt in die weite Welt hinaus.

Auch wenn alles passt, und nur dann darf man ein Baby bei uns abholen. Wir Alle sind sehr traurig, wenn ein Rudelmitglied uns verlässt.

Umso mehr freuen wir uns dann, wenn wir per E-Mail, Anruf oder Post über die Entwicklung unserer Hundis auf dem Laufenden gehalten werden. Na, sind Sie jetzt etwa neugierig auf uns geworden? Dann freuen wir uns jetzt schon auf Ihren Besuch! Und wenn Sie es vor Neugierde nicht aushalten, dann schauen Sie doch schon mal in das Internet. Unter „www.zwinger-vom-saubachtal.de" können Sie uns bewundern und einen Pfotenabdruck hinterlassen.

Einen dicken Schmatz schickt Euch Fabi!

Autoren –Vita

Groß, Carla-Maria, (CM Groß)

Dipl. Verwaltungswirtin (FH),

* 1949 in Dresden

Nat.: deutsch

Titel: „Dresdnerin des Jahres 2000"

2003/2004 Fernstudium „Kreatives Schreiben"

Romane und Reiseführer.

„Gehetzt im Kampf um die Wahrheit" Cornelia Goethe Literaturverlag Frankfurt

Folgende Bücher erschienen bei BoD;

„Karl der Große und die böhmische Fürstin Libuša",

„Mit Drazdan ®, dem ältesten Schutzengel von Dresden, durch die Stadtgeschichte", „Die Dresdner Friedrichstadt auf alten Ansichtskarten", „Saxonia – erste deutsche Dampflokomotive", „Vittoria Colonna, spirituelle Geliebte von Michelangelo"

„Ich wollte das nicht!", Detektivroman, „Abulis – krankhaft Willenlos", 6 Kriminalerzählungen